白銀志栄編

中国語会話練習帳
新稿版

東京 **大学書林** 発行

はしがき

　本書は,1973年に沢山晴三郎氏によってその前の版が改訂されて成った「中国語会話練習帳」を,現在の日本の中国語学習者にとって実用的なものになるように書き改めたものです。この間に日中両国とも事情は大きく変化し,今では個人での中国旅行も自由にできるようになりました。また中国社会の変化に伴って,新しい単語も次々に生まれています。今回の改訂に当たっては,本編でまず日常会話を例示した後,日本人の中国語学習者が中国に個人旅行に行った場合を想定し,空港やホテル,買い物などの場面で使うことばをできるだけ簡潔に,しかも丁寧に表現することに意を用いました。

　また,本書は中国語の発音の基礎を終えた学習者を対象にしたものではありますが,中国語学習における発音の重要性を考慮し,発音法の説明に多くの頁を割きました。別売テープに収録されている,発音編でのネイティブスピーカーによる発音例も,日本人学習者にとって難しいものを多く選んで示してありますので,初学者の方はもちろん,発音に自信のある方ももう一度テープをお聞きになってみることをお勧めいたします。

　ことばはまず文字よりも音声なのですから,中国人に通じる発音で話せ,相手の言ったことを聞いて理解できることが何よりも大切です。そして実践の場で通じるかどうかは全て発音の正確さにかかっているのです。私たちは長年日本語で

は　し　が　き

　生活してきているため,口をあまり大きく開けなくてもお互いに通じる音を発声することができますが,中国語と日本語とでは母音を発音する時のあごの開け方や舌の位置,唇の使い方が違うので,日本語のやり方で中国語を発音したのでは相手にわかってもらえません。ぜひ発音編から録音テープを聞いて一緒に発音し,中国語のあごの使い方をマスターされることを切望いたします。それと共に,本編の例文を繰り返し音読し,なめらかに発音できるようにする,文字を見てテープと同時に発音してみる,日本語を中国語に訳す練習をする,文字を見ずにテープを聞いて理解できるかチェックしてみる,などの方法を試してごらんになることをお勧めいたします。

　外国語をマスターするのは一朝一夕にできることではありません。ぜひ根気よくお続けになり,本書を十二分に活用していただきたいと思います。そして遠からぬ将来に皆様のコミュニケーションのお役に立てることがあれば,編者としてこれに勝る喜びはありません。

　尚,本書の刊行に当たり,東京外国語大学教授依藤醇先生,北京語言文化大学教授李明先生からひとかたならぬ御指導を賜りました。また大学書林社長佐藤政人氏には格別の御配慮をいただきました。ここに厚く御礼申し上げます。

2000 年 7 月

　　　　　　　　　　　　　　　　　　　　　　編　者

目　次

はしがき i
中国語の発音 iv
中国語会話練習帳
　　日常会話（日常会话）.. 2
　1．空港で（在机场）... 38
　2．ホテルで（在饭店）... 42
　3．飲食（饮食）.. 56
　4．観光（观光）.. 64
　5．旅行（旅行）.. 72
　6．買い物（买东西）... 86
　7．趣味（爱好）... 106
　8．通信（通讯）... 114
　9．医療（医疗）... 124
　10．銀行（银行）... 130
　11．別れの挨拶，帰国（告别，回国）.......................... 134
付録 138

基数(138) ― 時(140) ― 時刻の言い方(141) ― 月日の言い方(142) ― 曜日(142) ― 四季(143) ― 方位(144)

中国語の発音

音節について

　日本語の「猫」ということばは「ね」「こ」二つの音節からできています。そして「ね」は /n/ という子音と /e/ という母音,「こ」は /k/ という子音と /o/ という母音からできています。そしてこの /neko/ という音の組み合わせの /ne/ にアクセントを置いて発音されることによって「猫」という意味を表わすものになっています。

　同様に,中国語で猫を表わす単語「猫 māo」は,/m/ という子音と /ao/ という母音が組み合わさり,それを高く平らな調子(第一声)で発音することによって,猫という意味を表わします。そしてこの[māo]が一つの音節です。後述する儿(アル)化音を除いて,中国語では一音節は一つの漢字で表わします。

　日本語と中国語の,音節においての違いは,日本語の音節(例えば「ね」と「こ」)にはそれ自体には固有の音の高さがないのに対して,中国語の音節(例えば /māo/)には声調が必ず付随しているということです。

I. 母音　　中国語の母音には,単母音・複合母音・鼻母音・特殊母音の四種類があります。

（1）単母音は a, o, e, i, u, ü の六つです。ピンイン(中国語を書き表わすためのローマ字つづりのこと)から

中 国 語 の 発 音

見ると，日本語と同じように見えるものもありますが，実際の発音は日本語の発音よりあごをもっと大きく動かします。

a [A]　　下あごを大きく下に開けて，できる限り大きい口をあけたア。 ā á ǎ à

o [o]　　下あごを下に開け，上下の唇に力を入れて丸めて突き出すオ。 ō ó ǒ ò

e [ɣ]　　aの口の形をしてから下あごの力を抜きます。そのまま喉に力を入れて発音します。唇や唇の端に力を入れないように。 ē é ě è

i [i]　　唇を強く横に引いて出す鋭いイ。 ī í ǐ ì この母音が単独で一音節になる時はyiとつづります。

u [u]　　上下の唇に力を入れ丸めて突き出すウ。ū ú ǔ ù この母音が単独で一音節になる時はwuとつづります。

ü [y]　　この音はiの口の形をベースにしても，uの口の形をベースにしてもよく，iをベースにしたやり方は，iの口の形をして唇の端を左右に引っ張っておいて，上下の唇の中央をすぼめて出すイ。uをベースにしたやり方は，uの口の形をし，口の形を変えずに出すイ。 ǖ ǘ ǚ ǜ この母音が単独で一音節になる時はyuとつづり，また子音j, q, xと結びつく時は，ju, qu, xuとつづります。

（2）複合母音は以下の**13**個です。それぞれの母音には主要母音があり、主要母音をはっきり発音します。

ai [ai]　　aが主要母音。aで口を大きく開け、その口を小さくするようにして後ろのiを発音します。
　　　　　āi　ái　ǎi　ài

ei [ei]　　eが主要母音。[e]は日本語のエとほぼ同じですが、両唇の端に力を入れて発音します。ēi　éi　ěi　èi

ao [au]　　aが主要母音。aで口を大きく開け、その口を小さくして後ろのoを発音します。āo　áo　ǎo　ào

ou [ou]　　oが主要母音。oの口をしっかり作って発音してから、口を小さくして後ろのuを発音します。
　　　　　ōu　óu　ǒu　òu

以上四つの複合母音では、それぞれの二字目の音は決して単母音ほど口を大きく開けて発音するのではないことに注意して下さい。

ia [iA]　　aが主要母音。iからすぐ口を大きく開けて発音します。iā　iá　iǎ　ià　この母音が単独で一音節になる時はyaとつづります。

ie [iɛ]　　eが主要母音。iē　ié　iě　iè　この母音が単独で一音節になる時はyeとつづります。

iao [iau]　aが主要母音。aで大きい口を開け、その後は自然

に元に戻すように小さくして o を発音します。

iāo iáo iǎo iào　この母音が単独で一音節になる時は yao とつづります。

iou [iou]　o が主要母音。iōu ióu iǒu iòu　この母音が単独で一音節になる時は you とつづります。また、この母音が子音と結びつくと主要母音の o が弱く軽く発音されるようになり、ピンインも -iu とつづります。(例) niū niú niǔ niù

ua [uA]　a が主要母音。u は軽く弱く、すぐ大きな口を開けて a を発音します。uā uá uǎ uà　この母音が単独で一音節になる時は wa とつづります。

uo [uo]　o が主要母音。u をしっかり唇をすぼめて発音した後すぐ口を少し大きくして o を発音します。
uō uó uǒ uò　この母音が単独で一音節になる時は wo とつづります。

uai [uai]　a が主要母音。u の口を作りしっかり発音した後、すぐ口を大きくして a を発音し自然に口を小さくして i に移ります。uāi uái uǎi uài　この母音が単独で一音節になる時は wai とつづります。

uei [uei]　e が主要母音。u の口を作りしっかり発音した後すぐ唇を横に引き ei を発音します。uēi uéi uěi uèi この母音が単独で一音節になる時は wei とつづります。またこの母音に子音が結びつく時は e が軽く弱くなり、ピンインも -ui とつづられます。

(例) duī　duí　duǐ　duì

üe [yɛ]　eが主要母音。üをしっかり発音してから唇を横に引いてeを発音します。　üē　üé　üě　üè　この母音が単独で一音節になる時はyueとつづります。また,この母音が子音j, q, xと結びつく時はjue, que, xueとつづります。

（3）鼻母音は鼻音 -n, -ngで終わる母音で,以下の16個があります。日本語では-nも-ngも区別しないので,私たちが正確に聞き分けるのは難しいですが,きちんと発音し分ける努力をしていくことで,だんだん聞き分けられるようになります。

n　　案内（あんない）,三年（さんねん）という時の「ん」がnです。舌先が上歯茎の裏について,息を鼻に送ります。

ng　　案外（あんがい）,三月（さんがつ）という時の「ん」がngです。舌はどこにも触れず,息を鼻に送ります。

an [an]　aを発音した後すぐ舌先を上歯茎の裏につけて息を鼻に抜きます。　ān　án　ǎn　àn

en [ən]　単母音 e [ɤ]を発音した後すぐnを発音します。
　　　　ēn　én　ěn　èn

in [in]　単母音 i [i]を発音した後すぐnを発音します。

	īn ín ǐn ìn （単独で一音節になる時はyinと書く。）
ian [iɛn]	aが主要母音ですが，このaは前後のiとnの影響を受けて，前舌の[ɛ]で発音されます。 iān ián iǎn iàn （単独で一音節になる時はyanと書く。）
uan [uan]	aが主要母音。uを発音した後口を上下に大きく開けてanを発音します。uān uán uǎn uàn（単独で一音節になる時はwanと書く。）
uen [uən]	eが主要母音。uをしっかり発音した後すぐenを発音します。uēn uén uěn uèn（単独で一音節になる時はwenとつづる。また，この母音が子音と結びつく時は -un とつづられる。）
üan [yɛn]	aが主要母音。aはüとnの影響を受けて，前舌の [ɛ] で発音されます。üān üán üǎn üàn（単独で一音節になる時は yuan とつづり，この母音がj, q, x と結びつく時は juan, quan, xuanとつづる。）
ün [yn]	üをしっかり発音した後すぐnを発音します。 ūn ún ǔn ùn （単独で一音節になる時はyunとつづり，この母音がj, q, x と結びつく時は jun, qun, xun とつづる。）
ang [aŋ]	aが主要母音。aを発音した後，あごの形はそのままにして，息を鼻に抜いてngを発音します。 āng áng ǎng àng

eng [əŋ]	単母音 e を発音した後，あごはそのままにして，息を鼻に抜いて ng を発音します。 ēng éng ěng èng
ing [iŋ]	単母音 i [i] を発音した後，口の形はそのままにして，息を鼻に抜いて ng を発音します。 īng íng ǐng ìng（単独で一音節になる時は ying とつづる。）
iang [iaŋ]	a が主要母音。i を発音した後すぐ口を大きく開けて ang を発音します。iāng iáng iǎng iàng（単独で一音節になる時は yang とつづる。）
uang [uaŋ]	a が主要母音。u を発音した後すぐ口を大きく開け，ang を発音します。 uāng uáng uǎng uàng（単独で一音節になる時は wang とつづる。）
ueng [uəŋ]	e が主要母音。u を発音した後すぐ eng を発音します。この母音は子音とは結びつかず単独で一音節になるだけです。 wēng wéng wěng wèng
ong [uŋ]	唇を丸めて突き出し，o を発音したらすぐ ng を発音します。この母音は必ず子音と結びついて発音されます。 dōng nóng lǒng gòng
iong [yŋ]	単母音 ü [y] を発音してからすぐ eng を発音します。この音はピンイン通りではないので注意して下さい。声調符号は o の上につけます。 iōng ióng iǒng iòng jiōng qióng jiǒng xiòng（単独で一音節になる時は yong とつづる。）

(x)

（4）特殊母音

- -i [ɿ]　　子音 zh, ch, sh, r の後にだけ続く母音で，あごを開け舌の先を軽く上に上げて発音するイ。
  zhī　chī　shī　rī
- -i [ʅ]　　子音 z, c, s の後にだけ続く母音で，口を軽く横に引いて舌先を下前歯の裏に当て，舌と上前歯との間から息を送って発音します。zī　cī　sī
- er [ɚ]　　単母音 e [ɣ] を発音した後すぐ，舌を後ろに巻き上げます。舌を巻き上げる動作のために下あごは単独に e [ɣ] を発音する時よりも大きく開かれます。ēr　ér　ěr　èr

II. 子音　　中国語の子音は以下に挙げる通り21個あります。中国語には日本語に無い特徴として，有気音と無気音の対立があります。

有気音と無気音の違いについて

　まず，有気，無気の「気」とは「息」のことです。息とは，ガラス拭きをする時ハーッと息を吹きかけますが，あの要領で出す息のことです。有気音は発音する時にまず息を先に出してから声が続く音で，無気音は声のみによる子音です。（例）pō pó pǒ pò bō bó bǒ bò　子音だけでは聞き取れる声にならないため，o という母音をつけて発音します。この

中国語の発音

poもboも日本語で表記したらどちらも「ポ」です。というのは,日本語では有気音と無気音の違いが意味を区別する働きをしないからです。

b [p]	閉じた唇を開いて発音します。　ba bo bai bei
p [pʻ]	閉じた唇を開き,息から先に出して発音します。 pa po pai pei pi pie
m [m]	唇を閉じて息を鼻に抜きながら唇を開いて発音します。　ma mo me mai mao
f [f]	英語のfと同じで,下唇を上歯に軽く当てて発音します。fuはfの口のままで発音することに注意して下さい。　fa fei fu fen feng
d [t]	舌先で上歯茎裏側の付け根をたたいて発音します。　da de dai dao dou dan
t [tʻ]	舌先で上歯茎裏側の付け根をたたき,息から先に出して発音します。　ta te tai tao tou tan
n [n]	舌先で上歯茎裏側の付け根をたたき,息を鼻に抜いて発音します。　na ne nu nuo nü
l [l]	舌先に力を入れ,上歯茎裏側の付け根をはじいて発音します。　la le lai lao lu luo lü
g [k]	舌根を軟口蓋につけて出す音。 ga ge gai gei gan gen geng
k [kʻ]	舌根を軟口蓋につけ,息から先に出す音。 ka ke kai kan kang keng

中 国 語 の 発 音

h [x]	肺からの呼気をそのまま出して発音する音。ha he hai han hang また hua 及び hua- で始まる音節は hu の部分を [xu] ではなく [xɔ] と発音するので注意して下さい。　hua huai huan huang
j [tɕ]	舌先を下前歯の裏に当て，唇を左右に引いて発音します。　ji jia jie jiu ju jue
q [tɕʻ]	舌先を下前歯の裏に当て，唇を左右に引き，息から先に出して発音します。 qi qia qie qiu qu que
x [ɕ]	あごと唇を j, q と同じように構えて，息を摩擦させて出す音。 xi xia xie xiu xu xue
zh [tʂ]	舌先を反りあげて硬口蓋に押し付けた位置から発音します。　zha zhe zhi zhai zhao zhou
ch [tʂʻ]	舌先を反りあげて硬口蓋に押し付けた位置から，息から先に出して発音します。 cha che chi chai chao chou
sh [ʂ]	zh, ch と同様に舌先を反りあげるが，硬口蓋には接しない位置で発音します。 sha she shi shai shao shou
r [ʐ]	sh と同様だが，舌先をもっと奥のほうへ丸め込んで発音します。　re ri rao rou ren reng
z [ts]	舌先を上前歯の裏に一瞬接して出す音。 za ze zi zai zao zou
c [tsʻ]	舌先を上前歯の裏に一瞬接して，息から先に出し

て発音します。　ca ce ci cai cao cou

s [s]　舌と上歯の裏に隙間を作って出す音。
　　　　sa se si sai sao sou

III. 声調　中国語の音節に固有の, 音の高さを表わす四種類のタイプです。

（1）四声

第一声　高く平らな調子。後のほうで声が下がらないように気を付けます。声調符号は ¯ 。
　　　　（例）ā gāo diē

第二声　ためらわず思い切って声を高く上げます。声調符号は ´ 。　（例）chá lái shéi

第三声　後ろに第三声以外の他の音節が続く時は, 低く短く発音します。(例) mǎi huār, kělián, lěngdàn
　　　　後ろに他の音節が続かず, 意味を強調する時, 及び単独で発音する時は, 最後が自然に上がります。(例) mǎi kě lěng
　　　　声調符号は ˇ ですが, この形に惑わされないようにしましょう。

第四声　ストンと落とすように。声調符号は ` 。
　　　　（例）dà kàn liù

なお, 声調符号は各音節の<u>主要母音の上</u>につけます。

中 国 語 の 発 音

線の太さは力の入れ具合を示す

(2) 軽声

四声のほかに声調を失った軽声があります。文が軽声で始まることはなく，軽声の声の高さは直前の音節の声調によって決まります。

①第一声+軽声　②第二声+軽声　③第三声+軽声　④第四声+軽声

māma　　　yéye　　　jiějie　　　dìdi
妈妈　　　爷爷　　　姐姐　　　弟弟

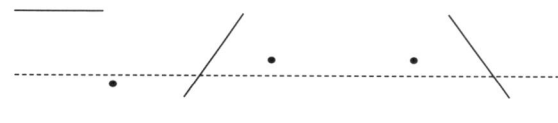

(3) 声調の変化

(a) 第三声が二つ続く場合，前の第三声が第二声に変化します。これは発音しやすくするために起こる現象です。第三声が三つ以上連続する場合は，意味の切れ目までを単位として変化しますが，発話のスピードが速いほど，第二声で発音することが多くなる傾向があります。

中 国 語 の 発 音

你好	表演	永远	我买五本小说。
nǐ hǎo	biǎoyǎn	yǒngyuǎn	Wǒ mǎi wǔ běn xiǎoshuō.
↓	↓	↓	↓
ní hǎo	biáoyǎn	yóngyuǎn	Wó mǎi wú běn xiǎoshuō.

(b) 一，七，八，不の変調

・数詞 '一 yī' は後ろに続く音節の声調によって，声調が変化する場合があります。

　＋第一声→第四声　一张纸　yì zhāng zhǐ（一枚の紙）
　＋第二声→第四声　一年　yì nián（一年）
　＋第三声→第四声　一起　yìqǐ（一緒に）
　＋第四声→第二声　一样　yíyàng（同じ）

ただし序数の場合は変調しません。

　　一月　yīyuè（一月）
　　一号　yīhào（ついたち，順番の一番）

・数詞 '七 qī', '八 bā' は後ろに第四声が続くと第二声に変化することがあります。ただし中国の若い人々はあまり変化させないで発音する傾向があります。

　　七岁　qí suì（七歳）
　　八次　bá cì（八回）

・否定の副詞 '不 bù' は後ろに第四声が続くと第二声に変化します。

　　不去　bú qù（行かない）

中 国 語 の 発 音

声調符号の表記については，一般に原調で表記するやり方が行われていますので本書でもそれを踏襲します。

IV. 儿化　音節末尾を捲舌化させて発音し，それによって母音の音色が変わる現象があり，これを「アル化」と言い，-rとつづります。

（1）-a, -o, -e, -u + r → 音節末尾で舌を反り上げる。
　　zhèr（这儿）　nàr（那儿）　nǎr（哪儿）　huār（花儿）
　　gēr（歌儿）　yíxiàr（一下儿）　xiǎoniǎor（小鸟儿）
　　niǔkòur（纽扣儿）
（2）-ai, -ei, -an, -en + r → i, n が脱落する。
　　xiǎoháir（小孩儿）　yìdiǎnr（一点儿）　fànguǎnr（饭馆儿）
　　kèběnr（课本儿）　bǎobèir（宝贝儿）
（3）-un(wen), -ui(wei) + r → n, i が脱落し，er を加える。
　　yíhuìr（一会儿）　qìshuǐr（汽水儿）　bīnggùnr（冰棍儿）
（4）-i [ɿ], -i [ʅ] + r → i が脱落し，er を加える。
　　guāzǐr（瓜子儿）　guǒzhīr（果汁儿）　méishìr（没事儿）
（5）-ng + r → ng が脱落し，主要母音を鼻にかけて er を加える。
　　yǎnjìngr（眼镜儿）　yǒukòngr（有空儿）
　　huāpíngr（花瓶儿）

アル化は，小さい，かわいらしいという感じを表現する

(xiǎoháir 小孩儿, gǒur 狗儿, huār 花儿) ほか，言葉の意味を区別したり (pèngtóu 碰头 頭をぶつける, pèngtóur 碰头儿 会う，顔を合わせる)，品詞を区別する (yíkuài 一块 一元, yíkuàir 一块儿 一緒に) 働きがあります。

母音舌位図

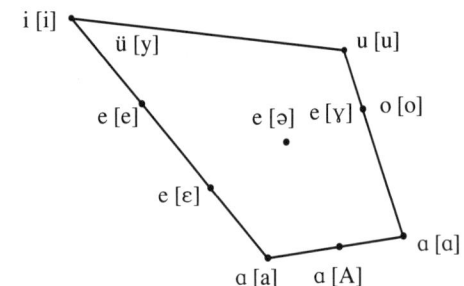

発音器官図

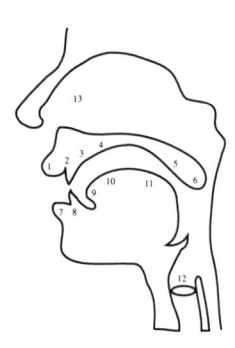

1 上唇	8 下歯
2 上歯	9 舌先
3 歯茎	10 舌面
4 硬口蓋	11 舌根
5 軟口蓋	12 声帯
6 口蓋垂	13 鼻腔
7 下唇	

中国語会話練習帳

日 常 会 話

単 語

私	我	wǒ
私たち	我们	wǒmen
あなた	您（丁寧語），你	nín, nǐ
あなたたち	你们	nǐmen
彼，彼女，それ，あれ（人間以外のもの）	他，她，它	tā
彼ら，彼女ら，それら，あれら（同上）	他们，她们，它们	tāmen
誰	谁	shuí/shéi
どなた	哪一位	nǎ yí wèi
これ，この	这，这个	zhè, zhège/zhèige[1]
これら（の）	这些	zhèxiē/zhèixiē

挨 拶

おはようございます！

こんにちは！

こんばんは！

---

[1] 話し言葉では zhèi nèi něi と発音することが多い。

日　常　会　话

词　汇

あれ，あの	那，那个	nà, nàge/nèige
あれら（の）	那些	nàxiē/nèixiē
どれ，どの	哪，哪个	nǎ, nǎge/něige
どれ，どの（複数）	哪些	nǎxiē/něixiē
ここ	这里，这儿	zhèli, zhèr
そこ，あそこ	那里，那儿	nàli, nàr
どこ	哪里，哪儿	nǎli[2], nǎr
何	什么	shénme
なぜ	为什么	wèi shénme
	怎么	zěnme
どのように	怎么／怎样	zěnme/zěnyàng
どうですか？	怎么样？	zěnmeyàng?

寒　暄　话　　　　　　　　　hánxuān huà

早上好！　　　　　　　　　　Zǎoshang hǎo!

您好！　你好！　　　　　　　Nín hǎo!　Nǐ hǎo!

晚上好！　　　　　　　　　　Wǎnshang hǎo!

---

[2] '里' はもともと第三声なので実際の発音はnáliになるが，ピンイン表記はこのように書く。

中 国 語 会 話 練 習 帳

ご機嫌いかがですか？

おやすみなさい！

お元気ですか？

奥様（ご主人）はお元気ですか？

ご家族はお元気ですか？

元気です，ありがとう。

さようなら！

また明日！

またお会いしましょう！

お 詫 び

すみません！

まことに申し訳ありません！

どうか許して下さい。

どういたしまして！

ご迷惑をおかけしてすみません。

私が悪いのです。

遅刻してすみません。

私の思い違いです。

日 常 会 话

您好吗？ 你好吗？	Nín hǎo ma?　Nǐ hǎo ma?
晚安！	Wǎn ān!
您好吗？ 你好吗？	Nín hǎo ma?　Nǐ hǎo ma?
您夫人（先生）好吗？	Nín fūren (xiānsheng) hǎo ma?
您（你）家里人都好吗？	Nín (Nǐ) jiālirén dōu hǎo ma?
家里都好，谢谢！	Jiāli dōu hǎo, xièxie!
再见！	Zài jiàn!
明天见！	Míngtiān jiàn!
改天见！ 回头见！	Gǎitiān jiàn!　Huítóu jiàn!

道　歉   dàoqiàn

对不起！	Duìbuqǐ!
真对不起！	Zhēn duìbuqǐ!
请原谅！	Qǐng yuánliàng!
没什么！没关系！	Méi shénme! Méi guānxi!
给你添了许多麻烦，很抱歉！	Gěi nǐ tiānle xǔduō máfan, hěn bàoqiàn!
是我不好。	Shì wǒ bù hǎo.
我迟到了，对不起！	Wǒ chídào le, duìbuqǐ!
是我弄错了。	Shì wǒ nòngcuò le.

お待たせしてすみません。

お　礼

ありがとう！
どうもありがとうございます！
ご厚意を感謝します。
どういたしまして！

お　祝　い

おめでとう！
ご成功おめでとう！
お誕生日おめでとう！
新年おめでとう！

ね　ぎ　ら　い

ご苦労様！
お疲れさま！
少し休んだら？
お水（お茶）を一杯どうぞ！

| 让你久等了,对不起! | Ràng nǐ jiǔ děng le, duìbuqǐ! |

道 谢 / dàoxiè

谢谢!	Xièxie!
谢谢您! 多谢,多谢!	Xièxie nín! Duō xiè, duō xiè!
谢谢您的热情帮助!	Xièxie nín de rèqíng bāngzhù!
没什么!哪儿的话!不谢!	Méi shénme! Nǎr de huà! Bú xiè!

祝 贺 / zhùhè

恭喜恭喜!	Gōngxǐ gōngxǐ!
祝贺你成功!	Zhùhè nǐ chénggōng!
祝你生日愉快!	Zhù nǐ shēngrì yúkuài!
新年好!过年好!恭喜发财!	Xīnnián hǎo! Guònián hǎo! Gōngxǐ fācái!

慰 劳 / wèiláo

你辛苦了!	Nǐ xīnkǔ le!
受累了!	Shòulèi le!
你歇一会儿吧!	Nǐ xiē yíhuìr ba!
请喝杯水(茶)吧!	Qǐng hē bēi shuǐ (chá) ba!

依　　頼

～して下さい。
ちょっとすぐに来て下さい。
私に手紙を下さい。
～して下さいませんか？
私たちに一曲歌って下さいませんか？

～を教えて下さい。
そちらの電話番号を教えて下さい。

彼らのルームナンバーを教えて下さい。

彼女が今どこにいるか教えて下さい。
彼らに電話をかけていただけますか？

一緒に来ていただけますか？

感　　嘆

すばらしい！
このお料理はとてもおいしいです。

请　求　　　　　　　　　　　qǐngqiú

请（你／您）～！	Qǐng (nǐ/nín) ~!
请你马上来一下儿！	Qǐng nǐ mǎshang lái yíxiàr!
请给我写信。	Qǐng gěi wǒ xiě xìn.
（你／您）能不能～？	(Nǐ/Nín) néng bu néng ~?
您能不能给我们唱一支歌儿？	Nín néng bu néng gěi wǒmen chàng yì zhī gēr?
请告诉我～。	Qǐng gàosu wǒ ~.
请告诉我您的电话号码。	Qǐng gàosu wǒ nín de diànhuà hàomǎ.
请告诉我他们的房间号码。	Qǐng gàosu wǒ tāmen de fángjiān hàomǎ.
请告诉我她现在在哪儿。	Qǐng gàosu wǒ tā xiànzài zài nǎr.
能不能帮我给他们打个电话？	Néng bu néng bāng wǒ gěi tāmen dǎ ge diànhuà?
能不能跟我一起去？	Néng bu néng gēn wǒ yìqǐ qù?

感　叹　　　　　　　　　　　gǎntàn

太好了！	Tài hǎo le!
这个菜很好吃。～真好吃！	Zhèige cài hěn hǎochī. ~ zhēn

あなたは本当に良い人ですね。
この曲は本当に美しいですね！
そこの風景は実に美しいですよ！
彼女は本当に美しいです！
彼はなかなかハンサムだ。
これはどうしたことだ！
そんな道理があるものか！
話にならない！

会　　話

こんにちは！
私は山田一といいます。
お名前は何とおっしゃいますか？
私は張懷民と申します。
お目にかかれてうれしいです。

あなたと知り合いになれてうれしいです。
初めまして！　どうぞよろしく！

日 常 会 话

	hǎochī!
你真好！	Nǐ zhēn hǎo!
这个曲子真好听！	Zhèige qǔzi zhēn hǎotīng!
那儿的风景实在美！	Nàr de fēngjǐng shízài měi!
她长得真漂亮！	Tā zhǎngde zhēn piàoliang!
他长得很帅！	Tā zhǎngde hěn shuài!
这是怎么回事儿？	Zhè shì zěnme huí shìr?
岂有此理！	Qǐ yǒu cǐ lǐ!
不像话！	Bú xiàng huà!

会　　话　　　　　　　huìhuà

您好！ 你好！	Nín hǎo! Nǐ hǎo!
我姓山田，名字叫一。	Wǒ xìng Shāntián, míngzi jiào Yī.
您（你）贵姓？	Nín (Nǐ) guì xìng?
我姓张，叫怀民。	Wǒ xìng Zhāng, jiào Huáimín.
见到您（你），我很高兴。	Jiàndao nín (nǐ), wǒ hěn gāoxìng.
认识你，我很高兴。	Rènshi nǐ, wǒ hěn gāoxìng.
初次见面，请多关照！	Chūcì jiàn miàn, qǐng duō guānzhào!

中 国 語 会 話 練 習 帳

どうぞよろしくお願いします。

どうぞよろしくご指導下さい。

どうぞお入り下さい。

どうぞおかけ下さい。

お茶をどうぞ。

タバコはお吸いですか？

ありがとうございます，吸いません。

よくいらっしゃいました。

お元気ですか？

ご家族はお元気ですか？

お仕事の具合はいかがですか？

お忙しいですか？

まあまあです。

あまり良くありません。

あなたは？

私も同じです。

このところすごく忙しいです。

もしもし！

王海風さんのお宅ですか？

日 常 会 話

请多多关照！	Qǐng duōduō guānzhào!
请多多指教！	Qǐng duōduō zhǐjiào!
请进！	Qǐng jìn!
请坐！	Qǐng zuò!
请喝茶！	Qǐng hē chá!
您抽不抽烟？	Nín chōu bu chōu yān?
谢谢，我不会。	Xièxie, wǒ bú huì.
欢迎，欢迎！	Huānyíng, huānyíng!
你好吗？	Nǐ hǎo ma?
你家里人都好吗？	Nǐ jiālirén dōu hǎo ma?
你工作怎么样？	Nǐ gōngzuò zěnmeyàng?
（你）忙吗？	(Nǐ) máng ma?
还好。 还可以。	Hái hǎo. Hái kěyǐ.
不太好。	Bú tài hǎo.
你呢？	Nǐ ne?
我也一样。	Wǒ yě yíyàng.
我最近非常忙。	Wǒ zuìjìn fēicháng máng.
喂！喂！	Wéi! Wéi!
是王海风先生家吗？	Shì Wáng Hǎifēng xiānsheng jiā

そうですが，どちらさまですか？
私は加藤と申します。日本から来たのですが。

王さんはご在宅ですか？
はい，おります，少々お待ち下さい。
もしもし，加藤さんですか？
王海風です。
いつお着きになったのですか？
ゆうべ着きました。
今晩お訪ねしてもよろしいですか？

ご丁寧に，恐れ入ります。
では，こうしましょう。六時にいらして，我が家で夕食を召
し上がって下さい。

いや，それではあまりにご迷惑をおかけしてしまいます。

どうか，ご遠慮なく。久しぶりにお会いするのですから，歓

	ma?
是啊，您是哪一位？	Shì a, nín shì nǎ yí wèi?
我姓加藤，从日本来的。	Wǒ xìng Jiāténg, cóng Rìběn lái de.
王先生在家吗？	Wáng xiānsheng zài jiā ma?
在，您稍等一会儿。	Zài, nín shāo děng yíhuìr.
喂，是加藤先生吗？	Wéi, shì Jiāténg xiānsheng ma?
我是王海风。	Wǒ shì Wáng Hǎifēng.
您什么时候到的？	Nín shénme shíhou dào de?
昨天晚上到的。	Zuótiān wǎnshang dào de.
今天晚上，我想去拜访您，不知道您是不是方便？	Jīntiān wǎnshang, wǒ xiǎng qù bàifǎng nín, bù zhīdào nín shì bu shì fāngbiàn?
您太客气了。	Nín tài kèqi le.
那，这样吧。您六点来，在我家里吃点儿家常便饭，怎么样？	Nà, zhèyang ba. Nín liù diǎn lái, zài wǒ jiāli chī diǎnr jiācháng biànfàn, zěnmeyàng?
不了，不了。那太给您添麻烦了！	Bù le, bù le. Nà tài gěi nín tiān máfan le!
请别客气！我们好久没见，今	Qǐng bié kèqi! Wǒmen hǎojiǔ

迎するのは当然です。

では，ご好意に甘えてそうさせていただきます。
では，のちほど！
さようなら！
ああ，もうこんなに遅くなってしまいました。
もう，おいとましなければ。
まだ遅くありませんよ。まだもう少しいいではありませんか。
またこの次お邪魔させていただきます。
今日はごちそうになりまして。
では，またお会いしましょう。
お気をつけて！
お見送りは結構です。

道中どうかご無事で！

あなたの中国語はとてもお上手です。

日 常 会 话

晚我们应该给您接风。	méi jiàn, jīnwǎn wǒmen yīnggāi gěi nín jiēfēng.
那，我就不客气了。	Nà, wǒ jiù bú kèqi le.
回头见！	Huítóu jiàn!
回见！	Huí jiàn!
哟，已经这么晚了。	Yō, yǐjīng zhème wǎn le.
我该告辞了。	Wǒ gāi gàocí le.
还早呢，再多坐一会儿吧。	Hái zǎo ne, zài duō zuò yíhuìr ba.
我以后再来。	Wǒ yǐhòu zài lái.
今天打扰了。	Jīntiān dǎrǎo le.
那，咱们改天再见。	Nà, zánmen gǎitiān zài jiàn.
请慢走！	Qǐng màn zǒu!
请留步！别送，别送！	Qǐng liúbù! Bié sòng, bié sòng!
请回，请回！	Qǐng huí, qǐng huí!
祝您一路平安！	Zhù nín yílù píng'ān!
祝您一路顺风！	Zhù nín yílù shùnfēng!
你（说）中文说得很好。	Nǐ (shuō) Zhōngwén shuōde hěn hǎo.

とんでもありません！
ほめすぎです。
私はほんの少し話せるだけです。

英語はできますか？
できます。
できません。
あまりできません。
少しできます。
今何とおっしゃいましたか？
聞いてわかりませんでした。
あなたのおっしゃることがわかりません。
もう一度言って下さい。
どうぞそんなに速く話さないで下さい。
もっとゆっくり話して下さい。
もっと大きい声で話して下さい。
聞き取れましたか？
聞き取れました。
聞き取れませんでした。

哪儿的话! 哪里,哪里!	Nǎr de huà! Nǎli, nǎli!
过奖了。	Guòjiǎng le.
我只不过会说一点儿罢了。	Wǒ zhǐbuguò huì shuō yìdiǎnr bàle.
你会讲英语吗?	Nǐ huì jiǎng Yīngyǔ ma?
我会。	Wǒ huì.
我不会。	Wǒ bú huì.
我不太会。	Wǒ bú tài huì.
我会一点儿。	Wǒ huì yìdiǎnr.
你刚才说什么了?	Nǐ gāngcái shuō shénme le?
我没听懂。	Wǒ méi tīngdǒng.
你的话我听不懂。	Nǐ de huà wǒ tīngbudǒng.
请再说一遍。	Qǐng zài shuō yí biàn.
请不要说得那么快。	Qǐng bú yào shuōde nàme kuài.
请慢点儿说。	Qǐng màn diǎnr shuō.
请大点儿声说。	Qǐng dà diǎnr shēng shuō.
你听懂了吗?	Nǐ tīngdǒng le ma?
我听懂了。	Wǒ tīngdǒng le.
我没听懂。	Wǒ méi tīngdǒng.

わかりましたか？
わかりました。
これはどういう意味ですか？
私に説明して下さい。

どうしたのですか？
眼鏡が見当たらないのです。
コンタクトレンズを床に落としてしまったのです。

大丈夫です，私もお手伝いしましょう。

これですか？
そうです。
どうもありがとう。

助けてほしいことがあるのですが。

何ですか，遠慮なく言って下さい。
申し訳ありませんが，私にはできかねます。

你明白了吗？	Nǐ míngbai le ma?
我明白了。	Wǒ míngbai le.
这是什么意思？	Zhè shì shénme yìsi?
请给我解释一下儿。	Qǐng gěi wǒ jiěshì yíxiàr.

你怎么了？	Nǐ zěnme le?
我的眼镜儿不见了。	Wǒ de yǎnjìngr bú jiàn le.
我的隐形眼镜儿掉在地上了。	Wǒ de yǐnxíng yǎnjìngr diàozai dìshang le.
没关系，我帮你找找。	Méi guānxi, wǒ bāng nǐ zhǎozhao.
是这个吗？	Shì zhèige ma?
是的。 是啊。	Shì de.　Shì a.
谢谢你！	Xièxie nǐ!

我有件事要请你帮忙。	Wǒ yǒu jiàn shì yào qǐng nǐ bāngmáng.
什么事儿，你尽管说。	Shénme shìr, nǐ jǐnguǎn shuō.
对不起，这个忙我可帮不上。	Duìbuqǐ, zhèige máng wǒ kě bāngbushàng.

どちらへお出かけですか？
買い物に行きます。
街まで行きます。
散歩に行きます。
ちょっとそこまで。

疲れたでしょう？
ええ，少し疲れました。
いいえ，ちっとも疲れていません。
ここで少し休みましょう。

あなたはいつ行きたいですか？
私は明日行きたいです。
いつでもいいです。

私たちはどこへ行きましょうか？
上海へ行きましょう。
どこでもいいです。
私はどこへも行きたくありません。

日　常　会　話

您上哪儿去？	Nín shàng nǎr qù?
我去买东西。	Wǒ qù mǎi dōngxi.
我进城去。	Wǒ jìn chéng qù.
我去散散步。	Wǒ qù sànsan bù.
我出去一下儿。	Wǒ chūqù yíxiàr.
你累了吧？	Nǐ lèi le ba?
嗯，有点儿累。	Ǹg, yǒudiǎnr lèi.
没有，我一点儿也不累。	Méiyou, wǒ yìdiǎnr yě bú lèi.
我们在这儿歇一会儿吧。	Wǒmen zài zhèr xiē yíhuìr ba.
你想哪天去？	Nǐ xiǎng něi tiān qù?
我想明天去。	Wǒ xiǎng míngtiān qù.
哪天去都可以。	Něi tiān qù dōu kěyǐ.
我们去哪儿？	Wǒmen qù nǎr?
我们去上海吧。	Wǒmen qù Shànghǎi ba.
去哪儿都可以。	Qù nǎr dōu kěyǐ.
我哪儿也不想去。	Wǒ nǎr yě bù xiǎng qù.

彼に何を買ってあげたらいいでしょう？
おもちゃを買ってあげましょう。
何でもいいでしょう。

君は何が食べたいですか？
私は北京ダックが食べたいです。
何でもいいです。
何も食べたくありません。

あなたはどちらが欲しいですか？
私はこれが欲しいです。
どちらでもいいです。
どちらも欲しくありません。

いつお訪ねいたしましょうか？

明日の朝いらっしゃい。
いつでも結構です。

ここへおいでなさい。

日　常　会　话

给他买什么好呢？	Gěi tā mǎi shénme hǎo ne?
给他买玩具吧。	Gěi tā mǎi wánjù ba.
买什么都可以。	Mǎi shénme dōu kěyǐ.
你想吃什么？	Nǐ xiǎng chī shénme?
我想吃北京烤鸭。	Wǒ xiǎng chī Běijīng kǎoyā.
吃什么都可以。	Chī shénme dōu kěyǐ.
我什么也不想吃。	Wǒ shénme yě bù xiǎng chī.
你要哪个？	Nǐ yào něige?
我要这个。	Wǒ yào zhèige.
哪个都可以。	Něige dōu kěyǐ.
哪个都不要。	Něige dōu bú yào.
我什么时候去找你好呢？	Wǒ shénme shíhou qù zhǎo nǐ hǎo ne?
请明天早上来吧。	Qǐng míngtiān zǎoshang lái ba.
您什么时候来都可以。	Nín shénme shíhou lái dōu kěyǐ.
请到这儿来。	Qǐng dào zhèr lái.

ただいますぐに参ります。

すぐに行って下さい。

早く！

気をつけて！

手伝って下さい。

私の言うことをお聞きなさい。

私にこれを買って下さい。

私にこれを下さい。

紙を持ってきて下さい。

あなたは花が好きですか？

私は花が大好きです。

私はあまり好きではありません。

ドア（窓）を開けて下さい。

ドア（窓）を閉めて下さい。

この手紙を出しておいて下さい。

我马上就来。	Wǒ mǎshang jiù lái.
请你马上就去吧。	Qǐng nǐ mǎshang jiù qù ba.
快点儿(吧)!	Kuài diǎnr (ba)!
小心点儿!	Xiǎoxīn diǎnr!
给我帮帮忙吧。	Gěi wǒ bāngbang máng ba.
你听我说吧。	Nǐ tīng wǒ shuō ba.
你给我买这个吧。	Nǐ gěi wǒ mǎi zhèige ba.
这个送给我吧。	Zhèige sòng gěi wǒ ba.
给我拿一张纸来。	Gěi wǒ ná yì zhāng zhǐ lai.
你喜欢花儿吗?	Nǐ xǐhuan huār ma?
我非常喜欢花儿。	Wǒ fēicháng xǐhuan huār.
我不怎么喜欢花儿。	Wǒ bù zěnme xǐhuan huār.
请你把门(窗户)开开吧。	Qǐng nǐ bǎ mén (chuānghu) kāikai ba.
请你把门(窗户)关上吧。	Qǐng nǐ bǎ mén (chuānghu) guānshang ba.
请替我把这封信寄出去,好吗?	Qǐng tì wǒ bǎ zhè fēng xìn jìchūqu, hǎo ma?

あれは何ですか？

彼は誰ですか？

ここはどこですか？

これは（中国語で）何と言いますか？

これは何に使う物ですか？

あなたは道を知っていますか？

これを持っていて下さい。

おなかが空きました。

喉が渇きました。

部屋の中が寒いです。

エアコンをつけて下さい。

何をお飲みになりますか？

冷たい水が一杯欲しいです。

もう十分です，ありがとう。

ここは涼しくて気持ち良い。

今日は雨が降るでしょうか？

今日は寒いです。

今日は暖かいです。

昼，外は暑い。

那是什么？	Nà shì shénme?
他是谁？	Tā shì shéi?
这儿是什么地方？	Zhèr shì shénme dìfang?
这个（汉语）叫什么？	Zhèige (Hànyǔ) jiào shénme?
这是干什么用的？	Zhè shì gàn shénme yòng de?
你认识路吗？	Nǐ rènshi lù ma?
请你把这个拿着吧。	Qǐng nǐ bǎ zhèige názhe ba.
我饿了。	Wǒ è le.
我渴了。	Wǒ kě le.
屋里很冷。	Wūli hěn lěng.
请把空调打开吧。	Qǐng bǎ kōngtiáo dǎkāi ba.
您想喝点儿什么？	Nín xiǎng hē diǎnr shénme?
我想喝（一）杯凉开水。	Wǒ xiǎng hē (yì) bēi liáng kāishuǐ.
够了，谢谢。	Gòu le, xièxie.
这里凉快，很舒服。	Zhèli liángkuai, hěn shūfu.
今天要下雨吗？	Jīntiān yào xià yǔ ma?
今天很冷。	Jīntiān hěn lěng.
今天很暖和。	Jīntiān hěn nuǎnhuo.
白天外头很热。	Báitiān wàitou hěn rè.

室内は湿気が多い。

時　　刻

今何時ですか？

今2時15分です。

今8時5分前です。

私たち6時半にあそこで待ち合わせましょう。

月　日，曜　日

今日は何月何日ですか？

今日は1月15日です。

今日は2月25日です。

昨日は何月何日でしたか？

明日は何月何日ですか？

今日は何曜日ですか？

今日は木曜日です。

先週の月曜日は何日でしたか？

来週の日曜日は9月3日です。

屋里很潮湿。 | Wūli hěn cháoshī.

时　　间　　　　　　　　　shíjiān

现在几点（钟）？ | Xiànzài jǐ diǎn (zhōng)?

现在两点一刻。 | Xiànzài liǎng diǎn yí kè.

　～两点十五分。 |　　～ liǎng diǎn shíwǔ fēn.

现在差五分八点。 | Xiànzài chà wǔ fēn bā diǎn.

我们六点半在那儿碰头儿吧。 | Wǒmen liù diǎn bàn zài nàr
　　　　　　　　　　　　　　　　pèngtóur ba.

日　　期　　　　　　　　　rìqī

今天几月几号？ | Jīntiān jǐ yuè jǐ hào?

今天一月十五号。 | Jīntiān yī yuè shíwǔ hào.

今天二月二十五号。 | Jīntiān èr yuè èrshiwǔ hào.

昨天几月几号？ | Zuótiān jǐ yuè jǐ hào?

明天几月几号？ | Míngtiān jǐ yuè jǐ hào?

今天星期几？ | Jīntiān xīngqī jǐ?

今天星期四。 | Jīntiān xīngqīsì.

上星期一是几号？ | Shàng xīngqīyī shì jǐ hào?

下星期天是九月三号。 | Xià xīngqītiān shì jiǔ yuè sān

うちの会社は4月29日から5月6日まで八日間休みです。

あなたの誕生日は何月何日ですか？
今年は千九百何十何年ですか？
今年は1999年です。
来年は2000年です。

年   齢

あなたは何年生まれですか？
私は1965年生まれです。

あなたは今年何歳ですか？（子供に）
あなたは今年何歳ですか？（大人に）
今年何歳におなりですか？（お年寄りに）

私は今年23歳になりました。
私はあなたと同い年です。
私は弟より5歳上です。

我们公司从四月二十九号到五月六号放八天假。	Wǒmen gōngsī cóng sì yuè èrshijiǔ hào dào wǔ yuè liù hào fàng bā tiān jià.
你的生日几月几号?	Nǐ de shēngrì jǐ yuè jǐ hào?
今年19几几年?	Jīnnián yī jiǔ jǐ jǐ nián?
今年1999年。	Jīnnián yī jiǔ jiǔ jiǔ nián.
明年2000年。	Míngnián èr líng líng líng nián.

年　龄　　　　niánlíng

你是哪一年出生的?	Nǐ shì nǎ yì nián chūshēng de?
我是1965年出生的。	Wǒ shì yī jiǔ liù wǔ nián chūshēng de.
你今年几岁了?	Nǐ jīnnián jǐ suì le?
你今年多大了?	Nǐ jīnnián duō dà le?
您今年多大年纪?	Nín jīnnián duō dà niánjì?
您高寿了?	Nín gāoshòu le?
我今年二十三岁了。	Wǒ jīnnián èrshisān suì le.
我跟你一样大。	Wǒ gēn nǐ yíyàng dà.
我比弟弟大五岁。	Wǒ bǐ dìdi dà wǔ suì.

彼は私より何ヶ月か年上なだけです。

職　　業

教師	教师	jiàoshī
留学生	留学生	liúxuéshēng
医者	医生	yīshēng
看護婦	护士	hùshi
会社員	公司职员	gōngsī zhíyuán
小学生	小学生	xiǎoxuéshēng
中学生	初中生	chūzhōngshēng

何のお仕事をなさっているのですか？

私はある商社で働いています。

私は銀行員です。

家　　族

お宅は何人家族ですか？

うちは祖父母，父母，妹，私の6人家族です。

うちは夫婦二人だけです。

他只比我大几个月。		Tā zhǐ bǐ wǒ dà jǐ ge yuè.

职　　业　　　　　　　　　　　　zhíyè

高校生	高中生	gāozhōngshēng
大学生	大学生	dàxuéshēng
專業主婦	家庭妇女	jiātíng fùnǚ
编集者	编辑	biānji
旅行社	旅行社	lǚxíngshè
デパート	百货公司	bǎihuò gōngsī

你（您）做什么工作？	Nǐ (Nín) zuò shénme gōngzuò?
我在一家贸易公司工作。	Wǒ zài yì jiā màoyì gōngsī gōngzuò.
我是银行职员。	Wǒ shì yínháng zhíyuán.

家　　庭　　　　　　　　　　　　jiātíng

你家里有几口人？	Nǐ jiāli yǒu jǐ kǒu rén?
我家有爷爷、奶奶、父母、妹妹和我，一共有六口人。	Wǒ jiā yǒu yéye、nǎinai、fùmǔ、mèimei hé wǒ, yígòng yǒu liù kǒu rén.
我家只有我和爱人，两口人。	Wǒ jiā zhǐ yǒu wǒ hé àiren,

お子さんはいらっしゃいますか？
お子さんは何人いらっしゃいますか？
二人です。上が男の子で，下が女の子です。

何人兄弟ですか？
兄が一人と姉が二人います。

あなたは結婚していますか？
しています。
いいえ，私はまだ結婚していません。
彼らは（去年／先月）結婚したばかりです。

日　常　会　话

	liǎng kǒu rén.
你有孩子吗？	Nǐ yǒu háizi ma?
你有几个孩子？	Nǐ yǒu jǐ ge háizi?
有两个，大的是儿子，小的是女儿。	Yǒu liǎng ge, dàde shì érzi, xiǎode shì nǚér.
你有几个兄弟姐妹？	Nǐ yǒu jǐ ge xiōngdì jiěmèi?
我有一个哥哥和两个姐姐。	Wǒ yǒu yí ge gēge hé liǎng ge jiějie.
你结婚了吗？	Nǐ jiéhūn le ma?
我结婚了。	Wǒ jiéhūn le.
没有，我还没结婚呢。	Méiyou, wǒ hái méi jiéhūn ne.
他们（去年／上个月）刚结婚。	Tāmen (qùnián/shànggeyuè) gāng jiéhūn.

1. 空港 で

単 語

空港	(飞)机场	(fēi) jīchǎng
飛行機	飞机	fēijī
〜行き	飞往〜	fēiwǎng 〜
離陸	起飞	qǐfēi
着陸	降落／着陆	jiàngluò/zhuólù
スチュワーデス	空中小姐／女乘务员	kōngzhōng xiǎojiě/ nǚ chéngwùyuán
旅客	旅客	lǚkè
パスポート	护照	hùzhào
荷物	行李	xíngli
重量超過する	超重	chāozhòng

会 話

私は中国に一週間（三ヶ月）滞在します。

北京飯店に泊まるつもりです。

出張で来ました。
留学に来ました。
観光に来ました。

1. 在机场 (zài jī chǎng)

词汇 (cí huì)

旅行バッグ	旅行袋	lǚxíngdài
スーツケース	箱子／皮箱	xiāngzi/píxiāng
税関	海关	hǎiguān
トラベラーズチェック	旅行支票	lǚxíng zhīpiào
現金	现钞	xiànchāo
兌換する	兑换	duìhuàn
大使館	大使馆	dàshǐguǎn
領事館	领事馆	lǐngshìguǎn
ビザ	签证	qiānzhèng

会话 huìhuà

我在中国呆一个星期（三个月）。	Wǒ zài Zhōngguó dāi yí ge xīngqī (sān ge yuè).
我打算住在北京饭店。	Wǒ dǎsuàn zhùzai Běijīng fàndiàn.
我是出差来的。	Wǒ shì chūchāi lái de.
我是留学来的。	Wǒ shì liúxué lái de.
我是观光来的。	Wǒ shì guānguāng lái de.

英語を話せる人はいますか？

税関はどこですか？
私の荷物はこれだけです。
　　　　　～この三つだけです。
申告する物は何もありません。

ウイスキーを二本持っています。
タバコを五カートン持っています。
中は着替えと友人へのおみやげです。

皆私が自分で使う物です。

いくらお支払いすればいいですか？
私は中国元を持っていないので日本円で払ってもいいですか？
トラベラーズチェックを中国元に換えたいのですが。

空港で

这里有没有会讲英语的人？	Zhèli yǒu méiyou huì jiǎng Yīngyǔ de rén?
海关在哪里／哪儿？	Hǎiguān zài nǎli/nǎr?
我的行李就这些。	Wǒ de xíngli jiù zhèixiē.
～就这三个。	～ jiù zhèi sān ge.
我没有需要申报的东西。	Wǒ méiyou xūyào shēnbào de dōngxi.
我带了两瓶威士忌。	Wǒ dàile liǎng píng wēishìjì.
我带了五条香烟。	Wǒ dàile wǔ tiáo xiāngyān.
里边儿都是换洗的衣服和给朋友带的礼物。	Lǐbianr dōu shì huànxǐ de yīfu hé gěi péngyou dài de lǐwù.
都是我自己用的（东西）。	Dōu shì wǒ zìjǐ yòng de (dōngxi).
该付多少钱？	Gāi fù duōshao qián?
我没有人民币，可不可以付日元？	Wǒ méiyou rénmínbì, kě bu kěyǐ fù rìyuán?
我要把旅行支票换成人民币。	Wǒ yào bǎ lǚxíng zhīpiào huànchéng rénmínbì.

2. ホテルで

単　語

ホテル	饭店	fàndiàn
部屋	房间	fángjiān
ルームナンバー	房间号码	fángjiān hàomǎ
エレベーター	电梯	diàntī
シングルルーム	单人间	dānrénjiān
ツインルーム	双人间	shuāngrénjiān
スイートルーム	套间	tàojiān
廊下	走廊	zǒuláng
床	地板	dìbǎn
～階	～楼／～层	~lóu/~céng
階上	楼上	lóushàng
階下	楼下	lóuxià
階段	楼梯	lóutī
ベランダ	阳台	yángtái
浴室	浴室	yùshì
シャワー	淋浴	línyù
トイレ	厕所／卫生间	cèsuǒ/wèishēngjiān
便器	（抽水）马桶	(chōushuǐ) mǎtǒng
バスタブ	浴缸	yùgāng
理髪室	理发室	lǐfàshì
美容室	美容厅	měiróngtīng
机	桌子	zhuōzi

2. 在饭店

词汇

椅子	椅子	yǐzi
ソファー	沙发	shāfā
ベッド	床	chuáng
シーツ	床单	chuángdān
枕	枕头	zhěntou
毛布	毯子	tǎnzi
洗濯	洗（衣服）	xǐ（yīfu）
部屋代	房费	fángfèi
清算する	结账	jié zhàng
鍵	钥匙	yàoshi
新聞	报／报纸	bào/bàozhǐ
ボーイ	服务员	fúwùyuán
ルームサービス	送餐服务	sòngcān fúwù
フロント	服务台	fúwùtái
支配人	经理	jīnglǐ
バー	酒吧（间）	jiǔbā（jiān）
姓名	姓名	xìngmíng
年齢	年龄	niánlíng
住所	住址／地址	zhùzhǐ/dìzhǐ
デポジット	押金	yājīn
クロークルーム	衣帽间	yīmàojiān
（物を）預ける	寄存（东西）	jìcún（dōngxi）

会　　話

シングルルームが一つ欲しいのですが。

料金は一晩いくらですか？

チェックアウトは何時ですか？

一週間泊まります。

まず二日泊まります。

もっと安い部屋はありませんか？

高すぎます。

この部屋はどうもちょっと小さい（暗い）です。

ほかに空いている部屋はありますか？

（私は）部屋を換えて欲しいのですが。

このカードに記入して下さい。

パスポートを見せて下さい。

まず五百元デポジットをお支払い下さい。

わかりました。

この荷物を部屋まで運んで下さい。

ホ テ ル で

会 话 — huìhuà

我要订一个单人间。	Wǒ yào dìng yí ge dānrénjiān.
房费多少钱一天？	Fángfèi duōshao qián yì tiān?
几点要退房？	Jǐ diǎn yào tuì fáng?
我住一个星期。	Wǒ zhù yí ge xīngqī.
先住两天。	Xiān zhù liǎng tiān.
有没有便宜一点儿的房间？	Yǒu méiyou piányi yìdiǎnr de fángjiān?
太贵了。	Tài guì le.
这个房间有点儿小（／暗）。	Zhèige fángjiān yǒudiǎnr xiǎo (/àn).
有没有空房间？	Yǒu méiyou kòng fángjiān?
我要换个房间。	Wǒ yào huàn ge fángjiān.
请填一下儿这张单子。	Qǐng tián yíxiàr zhè zhāng dānzi.
请让我看看您的护照。	Qǐng ràng wǒ kànkan nín de hùzhào.
请先付五百元押金。	Qǐng xiān fù wǔbǎi yuán yājīn.
好。	Hǎo.
请把这些行李搬到我的房间去，好吗？	Qǐng bǎ zhèixiē xíngli bāndao wǒ de fángjiān qù, hǎo ma?

鍵を下さい。
どなたですか？
お入り下さい。
お湯を少し持って来て下さい。

ルームサービスをしていただけますか？

紅茶（コーヒー，ココア）を持って来て下さい。

食堂はどこですか？
朝食は何時から食べられますか？
バスタオル（毛布）をもう一枚いただけますか？
お手洗いはどこですか？

トイレが故障です。
水が止まりません。
部屋の掃除をして下さい。
窓が開きません。

ホ テ ル で

（请）给我钥匙。	(Qǐng) gěi wǒ yàoshi.
是谁？ 是哪位？	Shì shéi? Shì nǎ wèi?
请进。	Qǐng jìn.
请给我拿点儿开水来吧。	Qǐng gěi wǒ ná diǎnr kāishuǐ lái ba.
你们有没有送餐服务项目？	Nǐmen yǒu méiyou sòngcān fúwù xiàngmù?
请给我拿杯红茶（咖啡／可可）来吧。	Qǐng gěi wǒ ná bēi hóngchá (kāfēi/kěkě) lái ba.
请问，餐厅在哪儿？	Qǐngwèn, cāntīng zài nǎr?
早上几点开饭？	Zǎoshang jǐ diǎn kāifàn?
我还要一条浴巾（／毯子）。	Wǒ hái yào yì tiáo yùjīn (/tǎnzi).
请问,厕所(卫生间)在哪儿？	Qǐngwèn, cèsuǒ (wèishēngjiān) zài nǎr?
（抽水）马桶坏了。	(Chōushuǐ) mǎtǒng huài le.
水不停地流。	Shuǐ bù tíng de liú.
请打扫一下儿房间。	Qǐng dǎsǎo yíxiàr fángjiān.
窗户开不<u>开</u>[3]。	Chuānghu kāibukāi.

---

[3] この'开'は，前の動詞'开'の動作の結果，窓がくっついていた状態から離れた状態に移ることを表わす補語。

お湯が出ません。
明朝六時に起こして下さい。

すぐ来て下さい。
部屋の中に鍵を忘れました。

これを直して下さい。
私あての郵便はありませんか？
それをここ（そこ）へ置いて下さい。

私に電話がかかってきましたか？

今日私のところに訪問者が来るはずです。

誰か訪ねてきたら〜と言って欲しいのですが。

その人にちょっと待つように言って下さい。
その人に私が帰るまで待つように言って下さい。
私はすぐ降りて行きます。
そのかたを通して下さい。

ホ　テ　ル　で

热水老出不来。	Rèshuǐ lǎo chūbulái.
请明天早上六点钟叫醒我。	Qǐng míngtiān zǎoshang liù diǎnzhōng jiàoxǐng wǒ.
请马上来一下儿。	Qǐng mǎshang lái yíxiàr.
我把钥匙忘在房间里了。	Wǒ bǎ yàoshi wàngzai fángjiānli le.
请把这个修理一下儿。	Qǐng bǎ zhèige xiūlǐ yíxiàr.
有没有我的信？	Yǒu méiyou wǒ de xìn?
请把那个放在这儿（那儿）吧。	Qǐng bǎ nèige fàngzai zhèr (nàr) ba.
有没有人给我来电话？	Yǒu méiyou rén gěi wǒ lái diànhuà?
今天有位客人要来找我。	Jīntiān yǒu wèi kèren yào lái zhǎo wǒ.
有人来找我，请转告他"~"。	Yǒu rén lái zhǎo wǒ, qǐng zhuǎngào tā "~".
请让他等一会儿。	Qǐng ràng tā děng yíhuìr.
请让他等我回来。	Qǐng ràng tā děng wǒ huílai.
我这就下去。	Wǒ zhè jiù xiàqu.
请他来吧。	Qǐng tā lái ba.

私は九時に帰って来ます。
このスーツ（これらの服）をクリーニングしたいのですが。

いつできて来ますか？
髪をカットして下さい。
このスタイルでカットして下さい。

あまり短くしないで下さい。
前髪を真っ直ぐ切り揃えて下さい。
顔を剃って下さい。
パーマをかけたいのですが。
シャンプーして下さい。
料金はいくらですか？
医者を呼んでいただけますか？
気分が良くありません。
熱が出ました。
明日朝早く出発しなければなりません。

私は今日出発します。
宿泊料の清算をします。

ホ　テ　ル　で

我九点钟回来。	Wǒ jiǔ diǎnzhōng huílai.
我要洗这套西服（这些衣服）。	Wǒ yào xǐ zhè tào xīfú（zhèxiē yīfu）.
哪天（能）得呢？	Něi tiān（néng）dé ne?
请给我剪剪头发。	Qǐng gěi wǒ jiǎnjian tóufa.
请照这个发型剪一下儿。	Qǐng zhào zhèige fàxíng jiǎn yíxiàr.
请不要剪得太短。	Qǐng bú yào jiǎnde tài duǎn.
请把刘海儿剪齐。	Qǐng bǎ liúhǎir jiǎnqí.
请给我刮刮脸。	Qǐng gěi wǒ guāgua liǎn.
我要烫发。	Wǒ yào tàng fà.
请给我洗洗头。	Qǐng gěi wǒ xǐxi tóu.
多少钱？	Duōshao qián?
请叫医生来一下儿。	Qǐng jiào yīshēng lái yíxiàr.
我身体不舒服。	Wǒ shēntǐ bù shūfu.
发（高）烧了。	Fā（gāo）shāo le.
我明天一早就要动身。	Wǒ míngtiān yì zǎo jiù yào dòngshēn.
我今天走。	Wǒ jīntiān zǒu.
我要结账。	Wǒ yào jié zhàng.

領収書を切って下さい。

私あての手紙はこの住所に転送して欲しいのですが。

タクシーを呼んで下さい。

スーツケース（バッグ）を一つ預けます。

午後取りに来ます。

ありがとう，さようなら！

部屋から市内に電話をかけたいのですが。

はじめに0をダイヤルしてからおかけ下さい。

広州に長距離電話をかけたいのですが。

ルームナンバーはいくつですか？

はじめに0をダイヤルしてから広州の市外局番に続けておかけ下さい。

部屋から日本へダイヤル直通通話で国際電話がかけられますか？

ホ　テ　ル　で

请给我开张发票。	Qǐng gěi wǒ kāi zhāng fāpiào.
我的邮件，请按这个地址转寄，好吗？	Wǒ de yóujiàn, qǐng àn zhèige dìzhǐ zhuǎnjì, hǎo ma?
请叫辆车来。	Qǐng jiào liàng chē lai.
我要寄存一个箱子。	Wǒ yào jìcún yí ge xiāngzi.
我下午来取。	Wǒ xiàwǔ lái qǔ.
谢谢，再见！	Xièxie, zài jiàn!
我想在房间里打市内电话。	Wǒ xiǎng zài fángjiānli dǎ shìnèi diànhuà.
您先拨零，再继续拨号。	Nín xiān bō líng, zài jìxù bō hào.
我想往广州打长途电话。	Wǒ xiǎng wǎng Guǎngzhōu dǎ chángtú diànhuà.
您的房间号码是多少？	Nín de fángjiān hàomǎ shì duōshao?
先拨零，然后拨广州的区位号码，再接着拨对方的电话号码就可以了。	Xiān bō líng, ránhòu bō Guǎngzhōu de qūwèi hàomǎ, zài jiēzhe bō duìfāng de diànhuà hàomǎ jiù kěyǐ le.
在房间里可不可以直接往日本打国际长途电话？	Zài fángjiānli kě bu kěyǐ zhíjiē wǎng Rìběn dǎ guójì chángtú

パスポートが見つかりません。

財布が見つかりません。

カメラがなくなりました。

旅行カバンがなくなりました。

私はそれを～に置いておいたのですが。

　バッグの中

　部屋の中

　ここ

　そこ

夕べは確かにありました。

ホ　テ　ル　で

	diànhuà?
我的护照不见了。	Wǒ de hùzhào bú jiàn le.
我的钱包不见了。	Wǒ de qiánbāo bú jiàn le.
我把照相机丢了。	Wǒ bǎ zhàoxiàngjī diū le.
我的旅行袋不见了。	Wǒ de lǚxíngdài bú jiàn le.
我把它放在～。	Wǒ bǎ tā fàngzai ~.
包里	bāoli
房间里	fángjiānli
这儿	zhèr
那儿	nàr
昨天晚上我还看见过它。	Zuótiān wǎnshang wǒ hái kànjianguo tā.

3. 飲 食

単 語

レストラン	餐厅	cāntīng
食堂	食堂	shítáng
料理店	饭馆儿	fànguǎnr
朝食	早饭	zǎofàn
昼食	午饭	wǔfàn
食べる	吃	chī
飲む	喝	hē
食事	饭(顿)	fàn(dùn[4])
米飯	米饭／饭	mǐfàn/fàn
パン	面包	miànbāo
肉	肉	ròu
魚	鱼	yú
鶏	鸡	jī
卵	鸡蛋	jīdàn
野菜	青菜	qīngcài
北京ダック	烤鸭	kǎoyā
シャブシャブ	涮羊肉	shuànyángròu
サラダ	沙拉／色拉	shālā/sèlā
スープ	汤	tāng
飲み物	饮料	yǐnliào
水	水	shuǐ
ミネラルウォーター	矿泉水	kuàngquánshuǐ

---

[4] 食事の回数を数える量詞。

3. 飲食 (yīn shí)

词汇 (cí huì)

茶	茶	chá
紅茶	红茶	hóngchá
コーヒー	咖啡	kāfēi
ジュース	果汁儿	guǒzhīr
氷	冰块儿	bīngkuàir
酒	酒	jiǔ
ビール	啤酒	píjiǔ
ワイン	葡萄酒	pútaojiǔ
ブランデー	白兰地（酒）	báilándì(jiǔ)
茅台酒	茅台酒	máotáijiǔ
紹興酒	绍兴酒	shàoxīngjiǔ
調味料	调料	tiáoliào
食塩	盐	yán
砂糖	糖	táng
果物	水果	shuǐguǒ
リンゴ	苹果	píngguǒ
ブドウ	葡萄	pútao
ミカン	橘子	júzi
モモ	桃儿	táor
ナシ	梨	lí
バナナ	香蕉	xiāngjiāo
メロン	甜瓜	tiánguā

スイカ	西瓜	xīguā[5]
ハミ瓜	哈密瓜	hāmìguā
箸	筷子(双)	kuàizi (shuāng[6])
フォーク	叉子	chāzi
ナイフ	刀(子)	dāo (zi)
スプーン	勺子	sháozi
メニュー	菜单儿	càidānr
チーズ	奶酪	nǎilào
クラッカー	咸饼干	xiánbǐnggān
炭酸飲料	汽水儿	qìshuǐr
ビフテキ	牛排	niúpái

会　話

レストランはどこにありますか？

何時から食事ができますか？

この近くにある良いレストランを教えていただけますか？

この近くに日本（西洋）料理店はありますか？

ここでコーヒーとお菓子だけいただけますか？

---

[5] xīguɑとも発音する。
[6] 箸一膳を数える量詞。

飲　　食

エビフライ	炸虾	zháxiā
魚のフライ	炸鱼	zháyú
ゆで卵	煮鸡蛋	zhǔjīdàn
トースト	烤面包	kǎomiànbāo
アイスクリーム	冰激凌	bīngjilíng
前菜	冷盘儿／拼盘儿	lěngpánr/pīnpánr
甘い	甜	tián
酸っぱい	酸	suān
辛い	辣	là
塩辛い	咸	xián
苦い	苦	kǔ

会　　话　　　　　　　　　　huìhuà

请问，餐厅在哪儿？	Qǐngwèn, cāntīng zài nǎr?
几点钟开饭？	Jǐ diǎnzhōng kāifàn?
能不能介绍一下儿这儿附近的好饭馆儿？	Néng bu néng jièshào yíxiàr zhèr fùjìn de hǎo fànguǎnr?
这儿附近有没有日本餐厅(西餐馆／西餐厅)？	Zhèr fùjìn yǒu méiyou Rìběn cāntīng (xīcānguǎn/xīcāntīng)?
我(们)只要咖啡和点心，可	Wǒ(men) zhǐ yào kāfēi hé

窓際のテーブルが欲しいのですが。

メニューを見せて下さい。
ここの得意な料理は何ですか？

一品料理と定食とどちらが良いですか？

定食にします。
今日エビフライはありますか？
パンを少し下さい。
これをあと一皿下さい。
ビフテキに野菜をたくさんつけて下さい。

ビールをもう一本下さい。
もう一杯お代わりを下さい。
これは清潔ではありません。
これは新鮮ではありません。
これは注文していませんが。
食器を下げて下さい。

飲　　食

以吗？	diǎnxin, kěyǐ ma?
我们要靠窗户的座位。	Wǒmen yào kào chuānghu de zuòwèi.
请拿菜单儿来看一看。	Qǐng ná càidānr lái kàn yi kàn.
请介绍一下儿你们这儿的拿手菜。	Qǐng jièshào yíxiàr nǐmen zhèr de náshǒu cài.
您自己点菜还是要份儿饭？	Nín zìjǐ diǎn cài háishi yào fènrfàn?
我要一份儿份儿饭。	Wǒ yào yí fènr fènrfàn.
今天有炸虾没有？	Jīntiān yǒu zháxiā méiyou?
我要几个面包。	Wǒ yào jǐ ge miànbāo.
这个菜请再上一个。	Zhèige cài qǐng zài shàng yí ge.
牛排要多配点儿青菜。	Niúpái yào duō pèi diǎnr qīngcài.
请再拿一瓶啤酒来。	Qǐng zài ná yì píng píjiǔ lái.
请再来一碗。	Qǐng zài lái yì wǎn.
这个不干净。	Zhèige bù gānjing.
这个不新鲜。	Zhèige bù xīnxian.
我没要这个。	Wǒ méi yào zhèige.
请把这些餐具撤下去。	Qǐng bǎ zhèixiē cānjù chèxiàqu.

これは煮えすぎています。

これは半煮えです。

もう少し煮て下さい。

これは硬すぎます。

これは柔らかすぎます。

これは甘すぎます。

これは酸っぱすぎます。

これは辛すぎます。

多すぎます。

ごちそうさまでした。

勘定書きを下さい。

この勘定書きは間違っているようです。

おいしかったです，ありがとう。

飲　食

这个煮过劲儿了。	Zhèige zhǔ guòjìnr le.
～煮过头了。	～ zhǔ guòtóu le.
这个还没煮熟。	Zhèige hái méi zhǔshóu.
请再煮一下儿。	Qǐng zài zhǔ yíxiàr.
这个太硬了。	Zhèige tài yìng le.
这个太软了。	Zhèige tài ruǎn le.
这个太甜了。	Zhèige tài tián le.
这个太酸了。	Zhèige tài suān le.
这个太辣了。	Zhèige tài là le.
太多了。	Tài duō le.
我们吃好了。	Wǒmen chīhǎo le.
请给我开账单儿吧。	Qǐng gěi wǒ kāi zhàngdānr ba.
恐怕账算得不对。	Kǒngpà zhàng suànde bú duì.
你们这儿的菜很好吃,谢谢。	Nǐmen zhèr de cài hěn hǎochī, xièxie.

4. 観　光

単　語

公園	公园	gōngyuán
動物園	动物园	dòngwùyuán
劇場	剧场	jùchǎng
映画館	电影院	diànyǐngyuàn
コンサートホール	音乐厅	yīnyuètīng
博物館	博物馆	bówùguǎn
図書館	图书馆	túshūguǎn
学校	学校	xuéxiào
喫煙室	吸烟室	xīyānshì
休憩室	休息室	xiūxishì
お寺	寺庙	sìmiào
入場券	门票	ménpiào
天安門広場	天安门广场	Tiān'ānmén guǎngchǎng
故宮博物院	故宫博物院	Gùgōng bówùyuàn

会　話

英語の地図はありますか？

日本語ガイドはいますか？

万里の長城へ行きたいのですが。

4. 观光 (guān guāng)

词汇 (cí huì)

天壇公園	天坛公园	Tiāntán gōngyuán
頤和園	颐和园	Yíhéyuán
万里の長城	（万里）长城	（Wànlǐ）Chángchéng
明の十三陵	（明）十三陵	（Míng）Shísānlíng
景山公園	景山公园	Jǐngshān gōngyuán
戒台寺	戒台寺	Jiètáisì
地図	地图	dìtú
名所旧跡	名胜古迹	míngshèng gǔjì
円明園	圆明园	Yuánmíngyuán
北海公園	北海公园	Běihǎi gōngyuán
車を借り切る	包车	bāo chē
車をレンタルする	租车	zū chē
自転車をレンタルする	租自行车	zū zìxíngchē

会话 huìhuà

有没有英文地图？	Yǒu méiyou Yīngwén dìtú?
有没有日语导游？	Yǒu méiyou Rìyǔ dǎoyóu?
我们想去（万里）长城看看。	Wǒmen xiǎng qù（Wànlǐ）Chángchéng kànkan.

中 国 語 会 話 練 習 帳

遊覧バスは何時に出ますか？
どこから出ますか？
何時に集合ですか？
明日三人で車を借り切って，長城と明の十三陵の観光をしたいのですが，手配していただけますか？

明日レンタカーを一日借りたいのですが，どこで借りられますか？
私たちは自転車を借りたいのですが，どこで借りられますか？
私たちは街を見物したいです。
今晩私たちに街を案内してくれますか？

ここの案内書を見せて下さい。

～へ行きたいのです。
～を見に行きたいのです。
そこには何か見るべき物があるのですか？

观 光

旅游车几点开?	Lǚyóuchē jǐ diǎn kāi?
从哪儿开?	Cóng nǎr kāi?
几点集合?	Jǐ diǎn jíhé?
我们想明天三个人包车去长城和十三陵游览,能不能帮我们找车?	Wǒmen xiǎng míngtiān sān ge rén bāo chē qù Chángchéng hé Shísānlíng yóulǎn, néng bu néng bāng wǒmen zhǎo chē?
我们想明天租一天车,在哪里可以租到?	Wǒmen xiǎng míngtiān zū yì tiān chē, zài nǎli kěyǐ zūdào?
我们想租自行车,在哪里可以租到?	Wǒmen xiǎng zū zìxíngchē, zài nǎli kěyǐ zūdào?
我们想去逛街。	Wǒmen xiǎng qù guàng jiē.
今天晚上你可以领我们上街逛逛吗?	Jīntiān wǎnshang nǐ kěyǐ lǐng wǒmen shàng jiē guàngguang ma?
给我们看看这里的游览手册吧。	Gěi wǒmen kànkan zhèli de yóulǎn shǒucè ba.
我们想去~。	Wǒmen xiǎng qù ~.
我们想去看~。	Wǒmen xiǎng qù kàn ~.
那里有什么值得看的东西	Nàli yǒu shénme zhíde kàn de

ここは何という所ですか？
これは何通りですか？
この近くで電車に乗れますか？
西単商場へはどう行くのですか？

この道は北京駅に行きますか？

前門飯店へ行くのに，この道で良いですか？

歩いて行けますか？
日本大使館へ地下鉄で行くには，どこで下りたらよいですか？
道に迷ってしまいました。
ここで写真を撮っても良いですか？
梨園劇場では今晩何を上演しますか？

何時開演ですか？
一等席を三枚下さい。
英語のプログラムはありますか？

观　光

吗？	dōngxi ma?
这个地方叫什么？	Zhège dìfang jiào shénme?
这条街叫什么？	Zhè tiáo jiē jiào shénme?
这附近有电车吗？	Zhè fùjìn yǒu diànchē ma?
到西单商场怎么走？	Dào Xīdān shāngchǎng zěnme zǒu?
这条路能到北京站吗？	Zhè tiáo lù néng dào Běijīng zhàn ma?
到前门饭店去，可以走这条路吗？	Dào Qiánmén fàndiàn qù, kěyǐ zǒu zhèi tiáo lù ma?
能走着去吗？	Néng zǒuzhe qù ma?
坐地铁到日本大使馆，在哪儿下车好呢？	Zuò dìtiě dào Rìběn dàshǐguǎn, zài nǎr xià chē hǎo ne?
我迷路了。	Wǒ mí lù le.
这儿可以拍照吗？	Zhèr kěyǐ pāizhào ma?
梨园剧场今天晚上演什么节目？	Líyuán jùchǎng jīntiān wǎnshang yǎn shénme jiémù?
几点开演？	Jǐ diǎn kāiyǎn?
我要三张头等票。	Wǒ yào sān zhāng tóu děng piào.
有没有英文节目单？	Yǒu méiyou Yīngwén jiémùdān?

今晩私たちを北京ダックの店に連れて行って下さい。

そこへ行って来るのにどのくらい時間がかかりますか？

ここからどのくらい遠いですか？
大体どのくらいの費用がかかりますか？
すぐに行きましょう。
中国歴史博物館は今日開いていますか？

何時に閉まりますか？
何時まで入場可能ですか？
私たちは十時までにはホテルに帰らなければなりません。

この地図で道を示してくれませんか？

观　光

今天晚上领我们到北京烤鸭店去，可以吗？	Jīntiān wǎnshang lǐng wǒmen dào Běijīng kǎoyā diàn qu, kěyǐ ma?
到那里来回得多长时间？	Dào nàli láihuí děi duōcháng shíjiān?
离这儿有多远？	Lí zhèr yǒu duō yuǎn?
大概需要多少钱？	Dàgài xūyào duōshao qián?
马上就走吧。	Mǎshang jiù zǒu ba.
中国历史博物馆今天可以参观吗？	Zhōngguó lìshǐ bówùguǎn jīntiān kěyǐ cānguān ma?
几点关门？	Jǐ diǎn guān mén?
几点以前可以入场？	Jǐ diǎn yǐqián kěyǐ rùchǎng?
我们最晚也要十点以前回到饭店。	Wǒmen zuì wǎn yě yào shí diǎn yǐqián huídào fàndiàn.
请用这张地图给我指路，好吗？	Qǐng yòng zhèi zhāng dìtú gěi wǒ zhǐ lù, hǎo ma?

5. 旅　行

単　語

鉄道	铁路	tiělù
汽車	火车	huǒchē
列車	列车	lièchē
急行列車	快车	kuàichē
普通列車	慢车	mànchē
特急列車	特快	tèkuài
グリーン席	软座	ruǎnzuò
普通席	硬座	yìngzuò
食堂車	餐车	cānchē
一等寝台	软卧	ruǎnwò
普通寝台	硬卧	yìngwò
駅	火车站	huǒchēzhàn
入口	入口	rùkǒu
出口	出口	chūkǒu
切符売場	售票处	shòupiàochù
改札所	剪票处	jiǎnpiàochù
案内所	问事处	wènshìchù
切符	（火）车票	(huǒ) chēpiào
片道切符	单程票	dānchéngpiào
往復切符	来回票	láihuípiào
プラットホーム	月台 / 站台	yuètái/zhàntái
（手）荷物預かり所	存包处	cúnbāochù
急行券	快车票	kuàichēpiào

5. 旅 行

词 汇

寝台券	卧铺票	wòpùpiào
特急券	特快票	tèkuàipiào
チッキ	行李票/托运单	xínglǐpiào/tuōyùndān
車掌	列车长	lièchēzhǎng
乗務員	列车员	lièchēyuán
ガイド	导游/向导	dǎoyóu/xiàngdǎo
地図	地图	dìtú
列車時刻表	列车时刻表	lièchē shíkèbiǎo
港	港口	gǎngkǒu
埠頭	码头	mǎtou
船	船	chuán
汽船	轮船	lúnchuán
ボート	小船/舢板	xiǎochuán/shānbǎn
船室	客舱	kècāng
甲板	甲板	jiǎbǎn
道路	路/道路/公路/马路	lù/dàolù/gōnglù/mǎlù
高速道路	高速公路	gāosù gōnglù
電車	电车	diànchē
地下鉄	地铁	dìtiě
停留所	车站	chēzhàn
自動車	汽车	qìchē
タクシー	出租汽车	chūzū qìchē

バス	公共汽车	gōnggòng qìchē
ミニバス	小公共汽车	xiǎo gōnggòng qìchē
駐車場	停车场	tíngchēchǎng
ガソリン	汽油	qìyóu
ガソリンを入れる	加油	jiā yóu

会　話

天津行きの今日の切符を下さい。

何時発のが買えますか？

西安行きの明日の一等寝台券が二枚欲しいのですが。

北京、上海間の往復切符は買えますか？

この切符でどこででも途中下車できますか？

この列車は広州行きですか？

この列車は南京に止まりますか？

瀋陽へは何時に着きますか？

旅　行

ガソリンスタンド	加油站	jiāyóuzhàn
リットル	公升	gōngshēng
満タンにする	灌满油	guànmǎn yóu
ドライブする	兜风	dōufēng

会　话　　　　　huìhuà

我要一张今天去天津的车票。	Wǒ yào yì zhāng jīntiān qù Tiānjīn de chēpiào.
能买到几点开的？	Néng mǎidao jǐ diǎn kāi de?
我买两张明天去西安的软卧票。	Wǒ mǎi liǎng zhāng míngtiān qù Xī'ān de ruǎnwò piào.
你们卖不卖从北京到上海的来回票？	Nǐmen mài bu mài cóng Běijīng dào Shànghǎi de láihuípiào?
拿这张票，在哪里都可以中途下车吗？	Ná zhè zhāng piào, zài nǎli dōu kěyǐ zhōngtú xià chē ma?
这趟列车是开往广州的吗？	Zhè tàng lièchē shì kāiwǎng Guǎngzhōu de ma?
这趟列车在南京停不停？	Zhè tàng lièchē zài Nánjīng tíng bu tíng?
几点（钟）到沈阳呢？	Jǐ diǎn (zhōng) dào Shěnyáng

成都行きの汽車はどのプラットホームから出ますか？

長沙発の列車はどのプラットホームに着きますか？

これは香港直通列車ですか？

長春へ行くにはどこで乗り換えたらよいですか？

汽車はどのくらいの間ここに停車しますか？

鄭州行きのこの次の列車は何時ですか？

四時十分前です。
英語で書いた時刻表はありますか？

寝台をとりたいのですが。
寝台はここで予約するのですか？
待合室はどこにありますか？
北京行きの切符はどこで買うのですか？

旅　　行

开往成都的火车是从几号月台开车呢？	Kāiwǎng Chéngdū de huǒchē shì cóng jǐ hào yuètái kāi chē ne?
从长沙开来的火车在几号月台停车？	Cóng Chángshā kāilái de huǒchē zài jǐ hào yuètái tíng chē?
这是直达香港的火车吗？	Zhè shì zhídá Xiānggǎng de huǒchē ma?
到长春去，在哪儿换车好呢？	Dào Chángchūn qù, zài nǎr huàn chē hǎo ne?
火车在这儿停多长时间？	Huǒchē zài zhèr tíng duōcháng shíjiān?
下一趟去郑州的车几点钟开？	Xià yí tàng qù Zhèngzhōu de chē jǐ diǎnzhōng kāi?
三点五十分开。	Sān diǎn wǔshí fēn kāi.
有没有英文的列车时刻表？	Yǒu méiyou Yīngwén de lièchē shíkèbiǎo?
我要一个卧铺。	Wǒ yào yí ge wòpù.
卧铺是不是在这儿订？	Wòpù shì bu shì zài zhèr dìng?
候车室在哪儿？	Hòuchēshì zài nǎr?
去北京的票在哪儿买？	Qù Běijīng de piào zài nǎr mǎi?

食堂車はどこですか？
座席がありますか？
この席は空いていますか？
空いています。／ふさがっています。
すみませんが，ここは私の席です。

この列車から黄河が見えますか？

見えます。／見えません。
飛行機のチケットはどこで買うのですか？
あなたのホテルで買えます。

東京から上海まで何時間かかりますか？

三時間で行けます。
ローマ行きの座席が二つ欲しいのですが。

承知しました。何日のですか？
来週の土曜日のです。
タクシーを呼んで下さい。

旅　　行

餐车在哪儿？	Cānchē zài nǎr?
有座位吗？	Yǒu zuòwèi ma?
这个座位有没有人？	Zhège zuòwèi yǒu méiyou rén?
没人。/有人。	Méi rén. / Yǒu rén.
对不起，这个座位是我的。	Duìbuqǐ, zhège zuòwèi shì wǒ de.
在车上看得见黄河吗？	Zài chēshang kàndejiàn Huánghé ma?
看得见。/看不见。	Kàndejiàn. / Kànbujiàn.
（飞）机票在哪儿买？	(Fēi) jīpiào zài nǎr mǎi?
在您住的饭店里就可以买到。	Zài nín zhù de fàndiànli jiù kěyǐ mǎidao.
从东京到上海得多长时间？	Cóng Dōngjīng dào Shànghǎi děi duōcháng shíjiān?
三个小时就到了。	Sān ge xiǎoshí jiù dào le.
我要订两个到罗马去的座位。	Wǒ yào dìng liǎng ge dào Luómǎ qù de zuòwèi.
好。您要哪天的？	Hǎo. Nín yào nǎtiān de?
我要下星期六的。	Wǒ yào xià xīngqīliù de.
请给我叫一辆出租汽车。	Qǐng gěi wǒ jiào yí liàng chūzū

二時に車をよこして下さい。

友誼賓館まで行って下さい。
どちらへ曲がりますか？
料金はいくらですか？
料金は一キロいくらですか？
着きました，ここで止めて下さい。
ここで少し買い物をします，待っていて下さい。

待ち料を取りますか？

このトロリーバスは動物園に行きますか？

王府井まであと何停留所ですか？

この次です。
天壇に着いたら一声かけて下さい。

ここからトロリーバスで和平門へ行くのにどのくらい時間が

旅　　行

	qìchē.
请两点（钟）派车来。	Qǐng liǎng diǎn (zhōng) pài chē lái.
请到友谊宾馆。	Qǐng dào Yǒuyì bīnguǎn.
要往哪边儿拐？	Yào wǎng něibianr guǎi?
车费要多少钱？	Chēfèi yào duōshao qián?
每公里多少钱？	Měi gōnglǐ duōshao qián?
到了，就在这儿停车吧。	Dàole, jiù zài zhèr tíng chē ba.
我要在这儿买点儿东西，请等一下儿。	Wǒ yào zài zhèr mǎi diǎnr dōngxi, qǐng děng yíxiàr.
等候时间收不收费？	Děnghòu shíjiān shōu bu shōu fèi?
这路电车到动物园儿吗？	Zhèi lù diànchē dào dòngwùyuánr ma?
到王府井还有几站？	Dào Wángfǔjǐng hái yǒu jǐ zhàn?
下一站就是。	Xià yí zhàn jiùshì.
到了天坛，请叫我一声。	Dàole Tiāntán, qǐng jiào wǒ yì shēng.
从这儿坐电车到和平门得多	Cóng zhèr zuò diànchē dào

かかりますか？

乗り換えなくてはなりませんか？
乗り換えなくてはなりません。
乗り換える必要はありません。
私の荷物はこれだけです。
あれは私のではありません。
これは自分で持ちます。
ここへ荷物を預けたいのですが。
荷物を預かってもらえますか？
今支払うのですか？
受け取りを下さい。
この切符でいくらまで無料で荷物を出せますか？

ここから一番近いガソリンスタンドはどこですか？

十リットル入れて下さい。

満タンにして下さい。

旅 行

| 长时间？ | Hépíngmén děi duōcháng shíjiān? |

要不要换车？ Yào bu yào huàn chē?
要换车。 Yào huàn chē.
不用换车。 Bú yòng huàn chē.
我的行李就这些。 Wǒ de xíngli jiù zhèxiē.
那不是我的。 Nà bú shì wǒ de.
这个我自己拿吧。 Zhèige wǒ zìjǐ ná ba.
我要把行李寄存在这里。 Wǒ yào bǎ xíngli jìcún zài zhèli.
可以把行李寄存在这儿吗？ Kěyǐ bǎ xíngli jìcún zài zhèr ma?
现在要付钱吗？ Xiànzài yào fù qián ma?
给我开张收据吧。 Gěi wǒ kāi zhāng shōujù ba.
凭这张票托运行李，可以免收多少公斤的费用呢？ Píng zhèi zhāng piào tuōyùn xíngli, kěyǐ miǎn shōu duōshao gōngjīn de fèiyòng ne?

离这儿最近的加油站在哪儿？ Lí zhèr zuì jìn de jiāyóuzhàn zài nǎr?
请给我灌十公升。 Qǐng gěi wǒ guàn shí gōngshēng.
请给我灌满油。 Qǐng gěi wǒ guànmǎn yóu.

次の日曜日に郊外へドライブに行きませんか？

空港まで行って下さい。

旅　　行

下星期天我们到郊区兜风去，怎么样？	Xià xīngqītiān wǒmen dào jiāoqū dōufēng qù, zěnmeyàng?
请到机场 。	Qǐng dào jīchǎng.

6. 買 い 物

単 語

デパート	百货商店/百货公司	bǎihuò shāngdiàn/ bǎihuò gōngsī
ショッピングセンター	购物中心	gòuwù zhōngxīn
商店	商店	shāngdiàn
スーパーマーケット	超级市场	chāojí shìchǎng
本屋	书店	shūdiàn
薬屋	药店/药铺/药房	yàodiàn/yàopù/yàofáng
茶屋	茶叶店/茶叶铺/茶庄	cháyèdiàn/cháyèpù/cházhuāng
クリーニング店	洗染店	xǐrǎndiàn
食料品店	副食商店	fùshí shāngdiàn
店員	售货员	shòuhuòyuán
売る	卖	mài
買う	买	mǎi
定価	定价	dìngjià
値打ち	价值	jiàzhi
品質	质量	zhìliàng
色	颜色	yánsè
好み	爱好	àihào
大きさ	大小	dàxiǎo

6. 买 东 西 (mǎi dōng xi)

词 汇 (cí huì)

寸法	尺寸	chǐcùn
既製品	现成的	xiànchéngde
あつらえの	定做的	dìngzuòde
陶磁器	陶瓷器	táocíqì
漆器	漆器	qīqì
宝石	宝石	bǎoshí
骨董品	古玩	gǔwán
絵画	画儿	huàr
時計	钟表	zhōngbiǎo
腕時計	手表	shǒubiǎo
カメラ	照相机	zhàoxiàngjī
テレビ	电视机	diànshìjī
ラジオ	收音机	shōuyīnjī
テープレコーダー	录音机	lùyīnjī
ビデオデッキ	录像机	lùxiàngjī
雑貨	杂货	záhuò
衣服	衣服	yīfu
チャイナドレス	旗袍	qípáo
生地	布料	bùliào
ウール	呢绒	níróng
絹、シルク	丝绸	sīchóu
木綿	棉	mián
ナイロン	尼龙	nílóng

日本語	中文	ピンイン
上着	上衣	shàngyī
ズボン	裤子	kùzi
シャツ	衬衣 / 衬衫	chènyī/chènshān
ネクタイ	领带	lǐngdài
ハンカチ	手帕	shǒupà
靴下	袜子	wàzi
靴	鞋	xié
鏡	镜子	jìngzi
櫛	梳子	shūzi
ブラシ	发刷	fàshuā
サイフ	钱包	qiánbāo
札入れ	票夹子	piàojiāzi
タバコ	香烟 / 烟	xiāngyān/yān
マッチ	火柴	huǒchái
タオル	毛巾	máojīn
石けん	香皂	xiāngzào
歯ブラシ	牙刷	yáshuā
練り歯磨き	牙膏	yágāo
おもちゃ	玩具	wánjù
書籍	书	shū
辞典	词典 / 字典	cídiǎn/zìdiǎn

会　話

私は〜が欲しいのですが。

買　い　物

新聞	报纸	bàozhǐ
雑誌	杂志	zázhì
化粧品	化妆品	huàzhuāngpǐn
バッグ	皮包	píbāo
特産物	特产	tèchǎn
茶葉	茶叶	cháyè
指輪	戒指	jièzhi
ブローチ	别针	biézhēn
ブレスレット	手镯	shǒuzhuó
ネックレス	项链儿	xiàngliànr
ライター	打火机	dǎhuǒjī
キーホルダー	钥匙链儿	yàoshiliànr
オーバーコート	大衣	dàyī
レザーコート	皮大衣	pídàyī
スカーフ	围巾	wéijīn
肩掛け	披肩	pījiān
風邪薬	感冒药	gǎnmàoyào
下痢止め	止泻药	zhǐxièyào
コンタクトレンズ	隐形眼镜儿	yǐnxíng yǎnjìngr
代金支払い所	收款台 / 收银台	shōukuǎntái/ shōuyíntái

会　话　　　　　　　　　huìhuà

我要～。　我要买～。　我想买～。	Wǒ yào ~.　Wǒ yào mǎi ~.　Wǒ xiǎng mǎi ~.

ここの特産品は何ですか？

こちらでは〜を売っていますか？
これはどこで買えますか？
そこにはどのように行けばいいですか？
その店の名は何と言いますか？
ここに書いて下さい。
何をお探しですか？
ただ見ているだけです。
これはいくらですか？
ちょっと高いです。
高すぎます。
もっと安いのでいいです。
もっと安いのはありますか？
もっと良いのはありますか？

もっと大きいのが欲しいです。
このようなのを下さい。
これはあまり気に入りません。
これは皆あまり気に入りません。

買　い　物

这个地方的特产是什么？	Zhèige dìfang de tèchǎn shì shénme?
你们这里卖不卖～？	Nǐmen zhèli mài bu mài ~?
这个在哪里可以买到？	Zhèige zài nǎli kěyǐ mǎidao?
到那儿怎么走？	Dào nàr zěnme zǒu?
那个商店叫什么？	Nèige shāngdiàn jiào shénme?
请在这儿写一下儿。	Qǐng zài zhèr xiě yíxiàr.
您买什么？	Nín mǎi shénme?
我只是看看。	Wǒ zhǐshì kànkan.
这个多少钱？	Zhèige duōshao qián?
有点儿贵。	Yǒudiǎnr guì.
太贵了！	Tài guì le!
我要便宜一点儿的。	Wǒ yào piányi yìdiǎnr de.
有没有便宜一点儿的？	Yǒu méiyou piányi yìdiǎnr de?
有没有比这个更好的？	Yǒu méiyou bǐ zhèige gèng hǎo de?
我要再大一点儿的。	Wǒ yào zài dà yìdiǎnr de.
我要买这样的。	Wǒ yào mǎi zhèyàng de.
这个我不中意。	Zhèige wǒ bú zhòngyì.
这些个我都不中意。	Zhèixiēge wǒ dōu bú zhòngyì.

ほかのデザインの物が欲しいです。

これはキズがあります。

取り替えていただけますか？

あれを見せて下さい。

これを着てみてもいいですか？

これは木綿ですか？

いいえ，シルクです。

これを下さい。

どこで支払うのですか？

レジはどこですか？

少し負けてくれませんか？

お釣りが間違っています。

もっと明るい色のが欲しいのですが。

この型は私には似合いません。

この生地で作って下さい。

このデザインで作って下さい。

買　い　物

我要别的样子的。	Wǒ yào bié de yàngzi de.
这个有点儿毛病。	Zhèige yǒu diǎnr máobìng.
可不可以换一换?	Kě bu kěyǐ huàn yi huàn?
请拿给我那个看看。	Qǐng ná gěi wǒ nèige kànkan.
这件我可以试试吗?	Zhèi jiàn wǒ kěyǐ shìshi ma?
这是棉的吗?	Zhè shì mián de ma?
不,这是绸子的。	Bù, zhè shì chóuzi de.
我买这个。	Wǒ mǎi zhèige.
在哪里付钱呢?	Zài nǎli fù qián ne?
收款台在哪里?	Shōukuǎntái zài nǎli?
少算点儿怎么样?	Shǎo suàn diǎnr zěnmeyàng?
能不能给我少算点儿?	Néng bu néng gěi wǒ shǎo suàn diǎnr?
你找钱找错了。	Nǐ zhǎo qián zhǎocuò le.
我要颜色浅一点儿的。	Wǒ yào yánsè qiǎn yìdiǎnr de.
这种样式对我不合适。	Zhèi zhǒng yàngshi duì wǒ bù héshì.
请用这块料子给我做吧。	Qǐng yòng zhèi kuài liàozi gěi wǒ zuò ba.
请照这个样子给我做。	Qǐng zhào zhèige yàngzi gěi wǒ

この生地でスーツを作るといくらかかりますか?

チャイナドレスを一着あつらえたいのですが。
長袖で,スリットはひざの下まででお願いします。

身ごろはゆったり目に作って下さい。
裏地は絹にして下さい。
二千元くらいの物を見せて下さい。

手付け金を払うのですか?
いつ出来上がりますか?

刺繍の入った絹のハンカチはありますか?

これを半ダース下さい。
象牙のイヤリングを一組下さい。
この指輪の材質は何ですか?

プラチナです。

買 い 物

用这种料子做一套西服得多少钱？	Yòng zhèi zhǒng liàozi zuò yí tào xīfú děi duōshao qián?
我想定做一件旗袍。	Wǒ xiǎng dìngzuò yí jiàn qípáo.
长袖，开衩要开到膝盖下边儿。	Chángxiù, kāichà yào kāidao xīgài xiàbianr.
请做得肥一点儿。	Qǐng zuòde féi yìdiǎnr.
里子要用绸子做。	Lǐzi yào yòng chóuzi zuò.
请给我看看两千块钱左右的。	Qǐng gěi wǒ kànkan liǎng qiān kuài qián zuǒyòu de.
要交点儿定钱吗？	Yào jiāo diǎnr dìngqián ma?
这件什么时候做得呢？	Zhèi jiàn shénme shíhou zuòdé ne?
有绣花儿的丝绸手绢儿吗？	Yǒu xiùhuār de sīchóu shǒujuànr ma?
这种我要半打。	Zhèi zhǒng wǒ yào bàn dá.
我买一副象牙耳坠子。	Wǒ mǎi yí fù xiàngyá ěrzhuìzi.
这个戒指用什么材料做的？	Zhèige jièzhi yòng shénme cáiliào zuò de?
这是白金的。	Zhè shì báijīn de.

真珠のネックレスを見たいのですが。

あのバッグを見せて下さい。

これは作りがしっかりしています。
これは質が良い物です。
それをこの宛名へ送ってもらえますか？

これは贈り物にしたいので，きれいに包んでいただけますか？

あの箱に入っている京劇の人形を見せて下さい。

あの凧をおろして見せて下さい。

風景画を見せて下さい。
これは徐悲鴻の描いた絵です。
この絵は大変すばらしい。
絵葉書はありますか？

買 い 物

我想看看珍珠项链儿。	Wǒ xiǎng kànkan zhēnzhū xiàngliànr.
请给我拿那个皮包看看。	Qǐng gěi wǒ ná nèige píbāo kànkan.
这个做得很不错。	Zhèige zuòde hěn búcuò.
这个质量很好。	Zhèige zhìliàng hěn hǎo.
请把这个按这个地址送去,好吗?	Qǐng bǎ zhèige àn zhèige dìzhǐ sòng qu, hǎo ma?
我想把它作礼物送人,请包得漂亮点儿。	Wǒ xiǎng bǎ tā zuò lǐwù sòng rén, qǐng bāode piàoliang diǎnr.
请给我拿那个盒子里的京剧泥人看看。	Qǐng gěi wǒ ná nèige hézili de jīngjù nírén kànkan.
请把那个风筝给我拿下来看看。	Qǐng bǎ nèige fēngzheng gěi wǒ náxiàlai kànkan.
我想看看风景画儿。	Wǒ xiǎng kànkan fēngjǐnghuàr.
这是徐悲鸿的画儿。	Zhè shì Xú Bēihóng de huàr.
这张画儿画得真好!	Zhèi zhāng huàr huàde zhēn hǎo!
你们这里有没有美术明信片儿?	Nǐmen zhèli yǒu méiyou měishù míngxìnpiànr?

何枚お入用ですか？
十枚です。
一枚二元五角です。
一セットは何枚入りですか？
紳士用品はどこにありますか？

三階です。
靴下を見せて下さい。
このサイズのは一足いくらですか？

二足下さい。
流行のデザインの帽子が欲しいのですが。

少し見本を見せて下さい。

化粧品売り場はどこですか？

輸入物の化粧石けんを下さい。
これは日本の石けんですか？
パールクリームはありますか？

買い物

您要几张？	Nín yào jǐ zhāng?
我要十张。	Wǒ yào shí zhāng.
两块五一张。	Liǎng kuài wǔ yì zhāng.
一套有几张？	Yí tào yǒu jǐ zhāng?
男式服装在哪里卖呢？	Nánshì fúzhuāng zài nǎli mài ne?
在三楼。	Zài sān lóu.
请让我看看袜子。	Qǐng ràng wǒ kànkan wàzi.
这个尺寸的多少钱一双？	Zhèige chǐcùn de duōshao qián yì shuāng?
我要两双。	Wǒ yào liǎng shuāng.
我要最新款式的帽子。	Wǒ yào zuì xīn kuǎnshì de màozi.
请让我看一看样品吧。	Qǐng ràng wǒ kàn yi kan yàngpǐn ba.
卖化妆品的柜台在哪儿？	Mài huàzhuāngpǐn de guìtái zài nǎr?
我要买进口香皂。	Wǒ yào mǎi jìnkǒu xiāngzào.
这是日本香皂吗？	Zhè shì Rìběn xiāngzào ma?
有珍珠霜没有？	Yǒu zhēnzhūshuāng méiyou?

外国タバコは売っていますか？

パンダブランドの（タバコ）を一カートン下さい。

二箱下さい。
軽い葉巻を下さい。

あのシガレットケースを見せて下さい。
あのケースはライター付きで，百五十元です。

これをクリーニングして下さい。

これをドライクリーニングして下さい。
できるだけ速くやってほしいのですが。

いつできますか？
写真を撮って欲しいのですが。

どの大きさになさいますか？
大きさの見本を見せて下さい。

買 い 物

你们这里有外国香烟吗？	Nǐmen zhèli yǒu wàiguó xiāngyān ma?
我买一条熊猫牌的（烟）。	Wǒ mǎi yì tiáo xióngmāo pái de (yān).
我要两盒儿。	Wǒ yào liǎng hér.
我要淡一点的雪茄烟。	Wǒ yào dàn yìdiǎnr de xuějiāyān.
让我看看那个烟盒儿。	Ràng wǒ kànkan nèige yānhér.
那是带打火机的，一百五十块钱。	Nà shì dài dǎhuǒjī de, yìbǎi wǔshi kuài qián.
请把这件衣服给我洗一下儿。	Qǐng bǎ zhè jiàn yīfu gěi wǒ xǐ yíxiàr.
这件我要干洗。	Zhèi jiàn wǒ yào gānxǐ.
请尽量快一点儿做出来吧。	Qǐng jǐnliàng kuài yìdiǎnr zuòchūlai ba.
什么时候洗好呢？	Shénme shíhou xǐhǎo ne?
请给我照一张像。	Qǐng gěi wǒ zhào yì zhāng xiàng.
要多大的？	Yào duō dà de?
给我看看各种尺寸的样本	Gěi wǒ kànkan gè zhǒng chǐcùn

キャビネ版にして下さい。
手札型はいくらですか？
三枚一組で十元です。
焼き増しはいくらですか？

一枚一元です。
全身撮って下さい。
半身撮って下さい。
いつ出来上がりますか？

三日後です。
もっと早くできませんか？
よろしいですよ，二十元お支払いいただければ，あすの午前
　九時にできます。

出来上がった写真をこの住所に送って下さい。

フィルムを現像して焼き付けて下さい。

買 い 物

吧。	de yàngběn ba.
我要六寸的。	Wǒ yào liù cùn de.
四寸的多少钱？	Sì cùn de duōshao qián?
一份儿三张，十块钱。	Yí fènr sān zhāng, shí kuài qián.
要加洗，多少钱一张？	Yào jiāxǐ, duōshao qián yì zhāng?
一块钱一张。	Yí kuài qián yì zhāng.
我要照全身照。	Wǒ yào zhào quánshēnzhào.
我要照半身照。	Wǒ yào zhào bànshēnzhào.
相片儿什么时候洗出来？	Xiàngpiānr shénme shíhou xǐchūlai?
三天以后。	Sān tiān yǐhòu.
能不能加快？	Néng bu néng jiākuài?
可以，您交二十块加快费，明天上午九点钟就可以来取。	Kěyǐ, nín jiāo èrshi kuài jiākuàifèi, míngtiān shàngwǔ jiǔ diǎnzhōng jiù kěyǐ lái qǔ.
请把洗出来的相片儿寄到这个地方，好吗？	Qǐng bǎ xǐchūlai de xiàngpiānr jìdao zhèige dìfang, hǎo ma?
请把这个胶卷儿冲洗一下儿，再把照片洗出来。	Qǐng bǎ zhèige jiāojuǎnr chōngxǐ yíxiàr, zài bǎ

靴の修理をお願いしたいのですが。

これを修理して下さい。
いつ出来上がりますか？
ここにボタンをつけて下さい。

風邪薬が欲しいのですが。
便秘薬はありますか？
コンタクトレンズをあつらえたいのですが。

このお茶は五十グラムいくらですか？

百グラム下さい。
五百グラム下さい。
缶に入れて下さい。

買　い　物

	zhàopiàn xǐchūlai.
请把这双鞋修理一下儿。	Qǐng bǎ zhèi shuāng xié xiūlǐ yíxiàr.
请把这个修一下儿。	Qǐng bǎ zhèige xiū yíxiàr.
什么时候能修好呢？	Shénme shíhou néng xiūhǎo ne?
请在这里钉上个扣子吧。	Qǐng zài zhèli dìngshang ge kòuzi ba.
我想买感冒药。	Wǒ xiǎng mǎi gǎnmàoyào.
有没有治便秘的药？	Yǒu méiyou zhì biànmì de yào?
我想配一副隐形眼镜儿。	Wǒ xiǎng pèi yí fù yǐnxíng yǎnjìngr.
这种茶多少钱一两？	Zhèi zhǒng chá duōshao qián yì liǎng?
我买二两。	Wǒ mǎi èr liǎng.
我买一斤。	Wǒ mǎi yì jīn.
请给我装在茶叶罐儿里。	Qǐng gěi wǒ zhuāngzài cháyè-guànrli.

7．趣　味

単　語

趣味	爱好	àihào
映画	电影／影片	diànyǐng/yǐngpiàn
音楽	音乐	yīnyuè
クラシック	古典音乐	gǔdiǎn yīnyuè
ポピュラー	通俗歌曲	tōngsú gēqǔ
オペラ	歌剧	gējù
ジャズ	爵士乐	juéshìyuè
ロック	摇滚乐	yáogǔnyuè
コンサート	演唱会／音乐会	yǎnchànghuì/ yīnyuèhuì
文学	文学	wénxué
小説	小说	xiǎoshuō
作家	作家	zuòjiā
料理	烹饪	pēngrèn
外国語	外语	wàiyǔ
登山	爬山	pá shān
演奏する	演奏	yǎnzòu
楽器	乐器	yuèqì
カラオケ	卡拉OK	kǎlāOK
ディスコ	迪斯科	dísīkē
野球	棒球	bàngqiú
サッカー	足球	zúqiú
スキー（をする）	滑雪	huá xuě

7. 爱好

词汇

スケート（をする）	滑冰	huá bīng
ジョギング	（放松）慢跑	(fàngsōng) mànpǎo
釣り（をする）	钓鱼	diào yú
ゴルフ	高尔夫球	gāo'ěrfūqiú
パソコン	电脑	diànnǎo
囲碁	围棋	wéiqí
将棋	（日本）象棋	(Rìběn) xiàngqí
京劇	京剧	jīngjù
バレエ	芭蕾舞	bāléiwǔ
水泳	游泳	yóuyǒng
写真	摄影	shèyǐng
絵を描く	画画儿	huà huàr
旅行	旅游	lǚyóu
陶芸	陶瓷工艺／作陶瓷器	táocí gōngyì/zuò táocíqì
茶道	茶道	chádào
華道	插花艺术／（日本式插花术）	chāhuā yìshù/(Rìběnshì chāhuāshù)
ダイビング	潜水	qiánshuǐ
演劇	话剧	huàjù
漫才	对口相声	duìkǒu xiàngsheng
落語	单口相声	dānkǒu xiàngsheng

ダンス（をする）	跳舞	tiào wǔ
ダンスパーティー	舞会	wǔhuì
ガーデニング	养花儿	yǎng huār

会　話

御趣味は何ですか？

首都劇場では今何をやっていますか？

長安大劇院では今日京劇の何の出し物がありますか？

今何か良い映画はやっていませんか？

監督は誰ですか？

明日の夜北京コンサートホールで交響曲のコンサートがあります。よろしければ一緒に聞きに行きませんか？

私はロックを聞くのが好きです。

趣　　味

| 気功（をする） | （练）气功 | (liàn) qìgōng |
| 太極拳（をする） | （打）太极拳 | (dǎ) tàijíquán |

会　　话　　　　　　　　　　huìhuà

您的爱好是什么？	Nín de àihào shì shénme?
首都剧场现在演什么话剧？	Shǒudū jùchǎng xiànzài yǎn shénme huàjù?
长安大戏院今天晚上演什么京剧？	Cháng'ān dàxìyuàn jīntiān wǎnshang yǎn shénme jīngjù?
现在有没有好电影？	Xiànzài yǒu méiyou hǎo diànyǐng?
导演是谁？　谁的导演？	Dǎoyǎn shì shéi?　Shéi de dǎoyǎn?
明天晚上北京音乐厅有交响乐演奏会，你如果方便的话，我们一起去听，怎么样？	Míngtiān wǎnshang Běijīng yīnyuètīng yǒu jiāoxiǎngyuè yǎnzòuhuì, nǐ rúguǒ fāngbiàn de huà, wǒmen yìqǐ qù tīng, zěnmeyàng?
我喜欢听摇滚乐。	Wǒ xǐhuan tīng yáogǔnyuè.

私の趣味は楽器の演奏です。
私は中国の現代小説を読むのが趣味です。

私は老舎の作品が好きです。

あなたはどの作家が一番お好きですか？
私は登山が趣味で，月に少なくとも二回は行きます。

私は旅行が趣味で，日本国内の有名な観光地はほとんど行きました。

私はサッカーの試合を見るのが特に好きです。
私はサッカーの大ファンです。
私は中国マニアです。
暇な時は何をなさっていますか？

この旅行では太極拳を習いたいと思っています。

今中国美術館で良い展覧会をやっていると聞きました。どの画家のでしょう？

趣　味

我的爱好是演奏乐器。	Wǒ de àihào shì yǎnzòu yuèqì.
我的爱好是看中国当代小说。	Wǒ de àihào shì kàn Zhōngguó dāngdài xiǎoshuō.
我喜欢看老舍的作品。	Wǒ xǐhuan kàn Lǎoshě de zuòpǐn.
您最喜欢哪位作家？	Nín zuì xǐhuan nǎ wèi zuòjiā?
我的爱好是爬山，一个月最少也去爬两次。	Wǒ de àihào shì páshān, yí ge yuè zuì shǎo yě qù pá liǎng cì.
我的爱好是旅游，日本国内的旅游胜地差不多都去过了。	Wǒ de àihào shì lǚyóu, Rìběn guónèi de lǚyóu shèngdì chàbuduō dōu qùguo le.
我特别喜欢看足球比赛。	Wǒ tèbié xǐhuan kàn zúqiú bǐsài.
我是个足球迷。	Wǒ shì ge zúqiúmí.
我是个中国迷。	Wǒ shì ge Zhōngguómí.
您业余时间做些什么？	Nín yèyú shíjiān zuò xiē shénme?
这次旅行，我很想学习打太极拳。	Zhè cì lǚxíng, wǒ hěn xiǎng xuéxí dǎ tàijíquán.
听说，中国美术馆现在有一个很好的画展，是哪位画家	Tīngshuō, Zhōngguó měishùguǎn xiànzài yǒu yí ge hěn

ディスコに踊りに行きたいのですが。

泳ぎたいのですが，どこへ行けばよいでしょう？

私は最近ガーデニングを始めました。

土をいじるのはとても楽しいです。

私はピアノを弾くのが趣味で，弾き始めるとすべてを忘れてしまいます。

趣　味

的？	hǎo de huàzhǎn, shì nǎ wèi huàjiā de?
我想去迪斯科舞厅跳跳舞。	Wǒ xiǎng qù dísīkē wǔtīng tiàotiao wǔ.
我想游泳,到哪儿去游好呢？	Wǒ xiǎng yóuyǒng, dào nǎr qù yóu hǎo ne?
我最近开始养花儿了。	Wǒ zuìjìn kāishǐ yǎnghuār le.
搞园艺挺有意思的。	Gǎo yuányì tǐng yǒu yìsi de.
我的爱好是弹钢琴,一弹起来就什么都忘了。	Wǒ de àihào shì tán gāngqín, yì tánqilái jiù shénme dōu wàng le.

8. 通 信

単 語

郵便局	邮局	yóujú
郵便物	邮件	yóujiàn
普通郵便	平信	píngxìn
航空便	航空邮件／航空信	hángkōng yóujiàn/hángkōngxìn
手紙	信／信件	xìn/xìnjiàn
はがき	明信片	míngxìnpiàn
小包	邮包／包裹	yóubāo/bāoguǒ
便箋	信纸	xìnzhǐ
封筒	信封	xìnfēng
書留	挂号	guàhào
書留料	挂号费	guàhàofèi
速達	快信	kuàixìn
速達で送る	寄快件	jì kuàijiàn
EMS	特快专递	tèkuài zhuāndì
紙	纸	zhǐ
筆記用具	笔	bǐ
（手紙の）宛名	收信人的姓名、地址	shōuxìnrén de xìngmíng、dìzhǐ
（小包みの）宛名	收件人的姓名、地址	shōujiànrén de xìngmíng、dìzhǐ
住所	住址／地址	zhùzhǐ/dìzhǐ
切手	邮票	yóupiào

8. 通讯

词汇

ポスト	信筒／邮筒	xìntǒng/yóutǒng
電話	电话	diànhuà
電話をかける	打电话	dǎ diànhuà
公衆電話	公用电话	gōngyòng diànhuà
市内通話	市内电话	shìnèi diànhuà
長距離電話	长途电话	chángtú diànhuà
国際電話	国际电话	guójì diànhuà
国際ダイヤル通話	国际直拨电话	guójì zhíbō diànhuà
コレクトコール	对方付款电话	duìfāng fùkuǎn diànhuà
電話番号案内	查号台	cháhàotái
テレホンカード	电话磁卡	diànhuà cíkǎ
ファックス	传真	chuánzhēn
ファックス番号	传真号码	chuánzhēn hàomǎ
ファックスを送信する	发传真	fā chuánzhēn
内線	分机／内线	fēnjī/nèixiàn
ダンボール箱	纸箱	zhǐxiāng
航空便で	空运	kōngyùn
船便で	海运／水运	hǎiyùn/shuǐyùn
ガムテープ	胶纸	jiāozhǐ
税関申告書	海关申报单	hǎiguān shēnbàodān

会　話

郵便局はどこですか？

市内あての手紙はいくらの切手を貼るのですか？

地方に手紙を出すにはいくらの切手を貼るのですか？

日本への航空便はいくらですか？

五元の切手を二枚と，二角の切手を四枚下さい。

この手紙を速達で送りたいのですが。

この手紙を書留で送りたいのですが。

この手紙はいくらで行きますか？

この小包を航空便で送りたいのですが。

船便で出します。

中は本と衣類です。

大体いつ着きますか？

通　信

会　话	huìhuà
邮局在哪儿？	Yóujú zài nǎr?
市内寄信，要贴多少钱的邮票？	Shìnèi jì xìn, yào tiē duōshao qián de yóupiào?
往外地寄信,要贴多少钱的邮票？	Wǎng wàidì jì xìn, yào tiē duōshao qián de yóupiào?
我要往日本寄航空信,多少钱呢？	Wǒ yào wǎng Rìběn jì hángkōngxìn, duōshao qián ne?
我买两张五块钱的邮票和四张两毛钱的（邮票）。	Wǒ mǎi liǎng zhāng wǔ kuài qián de yóupiào hé sì zhāng liǎng máo qián de（yóupiào）.
这封信要寄快件。	Zhèi fēng xìn yào jì kuàijiàn.
我寄挂号信。	Wǒ jì guàhàoxìn.
这封信要贴多少邮票？	Zhèi fēng xìn yào tiē duōshao yóupiào?
这个包裹我想寄航空。	Zhèige bāoguǒ wǒ xiǎng jì hángkōng.
寄海运。／寄水运。	Jì hǎiyùn. / Jì shuǐyùn.
里边儿是书和衣服。	Lǐbianr shì shū hé yīfu.
大概什么时候到？	Dàgài shénme shíhou dào?

これらの本を日本へ送っていただけますか？

小包を受け取りたいのですが。

中国国際航空の電話番号を調べて下さい。

上海へ長距離電話をかけたいのですが。

国際ダイヤル通話で日本へ電話をかけたいのですが。

コレクトコールで電話をかけたいのですが。

百元のテレホンカードを一枚下さい。

内線の100番に回して下さい。

お話し中です。

どなたもお出になりません。

番号をお間違えです。

王剛さんはいらっしゃいますか？

通　信

请把这些书替我寄到日本去。	Qǐng bǎ zhèixiē shū tì wǒ jìdao Rìběn qù.
我要取包裹。	Wǒ yào qǔ bāoguǒ.
请查一下儿中国国际航空公司的电话号码。	Qǐng chá yíxiàr Zhōngguó guójì hángkōng gōngsī de diànhuà hàomǎ.
我要往上海打长途电话。	Wǒ yào wǎng Shànghǎi dǎ chángtú diànhuà.
我要往日本打国际直拨电话。	Wǒ yào wǎng Rìběn dǎ guójì zhíbō diànhuà.
我要打对方付款的电话。	Wǒ yào dǎ duìfāng fù kuǎn de diànhuà.
买一张一百块钱的电话磁卡。	Mǎi yì zhāng yìbǎi kuài qián de diànhuà cíkǎ.
请转100。	Qǐng zhuǎn yāo[7] líng líng.
占线。	Zhàn xiàn.
没人接。	Méi rén jiē.
您打错了。	Nín dǎcuò le.
请找一下儿王刚先生。	Qǐng zhǎo yíxiàr Wáng Gāng

---

[7] 数字を棒読みする場合'一'をyāoと発音する。

彼は席を外しています。
彼は大体いつ頃お戻りになりますか？

伝言をお伝え願えますか？

田中から電話があったとお伝えいただけますか？

彼に後で私に電話をかけるようにお伝え下さい。

私の電話番号は6275-3011です。

彼は私の番号を知っています。
アメリカへファックスを送りたいのですが。

電報を打ちたいのですが。
電報用紙を下さい。
一字いくらですか？
宛名も字数に数えるのですか？
いつ相手に着きますか？

通　　信

	xiānsheng.
他不在。	Tā bú zài.
他大概什么时候回来呢？	Tā dàgài shénme shíhou huílai ne?
请您带个口信儿，行吗？	Qǐng nín dài ge kǒuxìnr, xíng ma?
请转告他田中来过电话。	Qǐng zhuǎngào tā Tiánzhōng láiguo diànhuà.
请让他给我回个电话。	Qǐng ràng tā gěi wǒ huí ge diànhuà.
我的电话号码是6275-3011。	Wǒ de diànhuà hàomǎ shì liù èr qī wǔ sān líng yāo yāo.
他知道我的电话号码。	Tā zhīdao wǒ de diànhuà hàomǎ.
我要往美国发传真。	Wǒ yào wǎng Měiguó fā chuánzhēn.
我要打一份儿电报。	Wǒ yào dǎ yí fènr diànbào.
给我一张电报纸。	Gěi wǒ yì zhāng diànbàozhǐ.
一个字多少钱？	Yí ge zì duōshao qián?
住址也要算上吗？	Zhùzhǐ yě yào suànshang ma?
对方什么时候能收到？	Duìfāng shénme shíhou néng

至急電報はいくらですか？

ロンドンまでの電報料は一字いくらですか？

為替で送金したいのですが。

通　信

	shōudao?
加急电报要付多少钱？	Jiājí diànbào yào fù duōshao qián?
往伦敦拍电报一个字得多少钱？	Wǎng Lúndūn pāi diànbào yí ge zì děi duōshao qián?
我要汇款。	Wǒ yào huì kuǎn.

9．医　療

単　語

日本語	中文	ピンイン
医者	医生／大夫	yīshēng/dàifu
看護婦	护士	hùshi
内科	内科	nèikē
外科	外科	wàikē
歯科	牙科	yákē
眼科	眼科	yǎnkē
産婦人科	妇产科	fùchǎnkē
耳鼻咽喉科	耳鼻喉科	ěrbíhóukē
皮膚科	皮科	píkē
小児科	儿科	érkē
病気	病	bìng
病院	医院	yīyuàn
痛い	疼	téng
風邪、流感	感冒／流感	gǎnmào/liúgǎn
熱が出る	发烧	fā shāo
鼻水が出る	流鼻涕	liú bítì
くしゃみが出る	打喷嚏	dǎ pēntì
さむけがする	发冷	fālěng
気分が悪い	不舒服	bù shūfu
体がだるい	身体发懒	shēntǐ fālǎn
けがをする	受伤	shòu shāng
めまいがする	头晕	tóuyūn
せきが出る	咳嗽	késou

9. 医疗 (yī liáo)

词汇 (cí huì)

吐き気がする	恶心	ěxīn
吐く	呕吐	ǒutù
下痢をする	拉肚子	lā dùzi
便秘する	便秘	biànmì
病院へ行く	看病	kàn bìng
入院する	住院	zhù yuàn
救急車	救护车	jiùhùchē
薬	药	yào
薬を飲む	吃药	chī yào
薬屋	药店／药铺	yàodiàn/yàopù
薬局	药房	yàofáng
処方箋	药方	yàofāng
注射する	打针	dǎ zhēn
消化不良	消化不良	xiāohuà bùliáng
食中毒	食物中毒	shíwù zhòngdú
肺炎	肺炎	fèiyán
盲腸炎	阑尾炎	lánwěiyán
喘息	哮喘	xiàochuǎn
関節炎	关节炎	guānjiéyán
扁桃腺炎	扁桃腺炎	biǎntáoxiànyán
日射病	中暑	zhòng shǔ
ねんざ	扭伤	niǔshāng
リュウマチ	风湿病	fēngshībìng

頭	头	tóu
腹	肚子	dùzi
のど	嗓子	sǎngzi
眼	眼睛	yǎnjing
耳	耳朵	ěrduo
鼻	鼻子	bízi
口	嘴	zuǐ
胃	胃	wèi
腸	肠	cháng

会　　話

体の具合が悪いのです。

ホテルに医者はいますか？

医者を呼んで下さい。

英語（日本語）が話せる医者を呼んで下さい。

風邪をひきました。

頭が痛いです。

めまいがします。

吐き気がします。

熱があります。

今朝二度吐きました。

医　　療

腕	胳膊	gēbo
手	手	shǒu
指	手指	shǒuzhǐ
足（くるぶしから足のつけ根まで）	腿	tuǐ
足（爪先からかかとまで）	脚	jiǎo
足首	脚脖子	jiǎobózi

会　　话　　　　　　　　　　huìhuà

我身体不舒服。	Wǒ shēntǐ bù shūfu.
这个饭店里有医生吗？	Zhèige fàndiànli yǒu yīshēng ma?
请叫医生来！	Qǐng jiào yīshēng lái!
请叫会英语（日语）的医生来！	Qǐng jiào huì Yīngyǔ (Rìyǔ) de yīshēng lái!
我感冒了。	Wǒ gǎnmào le.
我头疼。	Wǒ tóuténg.
我头晕。	Wǒ tóuyūn.
我觉得恶心。	Wǒ juéde ěxīn.
我发烧了。	Wǒ fāshāo le.
今天早上吐了两次。	Jīntiān zǎoshang tùle liǎng cì.

下痢をしています。
この三日間便秘しています。
足首をねんざしました。
食欲がありません。
すぐに救急車を呼んで下さい。

私は卵にアレルギーがあります。
これはどういう薬ですか？
この薬はどのように飲むのですか？
一日三回，一錠ずつ食前（食後）に飲んで下さい。

注射はしたくありません。
歯がとても痛みます。
歯を抜きたくありません。
痛み止めを処方して下さい。

痛み止めを買ってきて下さい。

風邪薬を買ってきて下さい。

医　　疗

我拉肚子了。	Wǒ lā dùzi le.
便秘三天了。	Biànmì sān tiān le.
我扭伤了脚脖子。	Wǒ niǔshāngle jiǎobózi.
我没有食欲。	Wǒ méiyou shíyù.
请马上叫一辆救护车来。	Qǐng mǎshang jiào yí liàng jiùhùchē lai.
我一吃鸡蛋就过敏。	Wǒ yì chī jīdàn jiù guòmǐn.
这是什么药？	Zhè shì shénme yào?
这药怎么吃？	Zhèi yào zěnme chī?
一天吃三次，一次一片儿，饭前（饭后）吃。	Yì tiān chī sān cì, yí cì yí piànr, fàn qián (fàn hòu) chī.
我不想打针。	Wǒ bù xiǎng dǎ zhēn.
牙疼得厉害。	Yá téngde lìhai.
我不想拔牙。	Wǒ bù xiǎng bá yá.
请给我开点儿止痛药。	Qǐng gěi wǒ kāi diǎnr zhǐtòngyào.
请去给我买点儿止痛药来。	Qǐng qù gěi wǒ mǎi diǎnr zhǐtòngyào lái.
给我买点儿感冒药来吧。	Gěi wǒ mǎi diǎnr gǎnmàoyào lái ba.

10. 銀　行

単　語

中国銀行	中国银行	Zhōngguó yínháng
金	钱	qián
紙幣	纸币／钞票	zhǐbì/chāopiào
硬貨	硬币	yìngbì
日本円	日元	rìyuán
人民元	人民币	rénmínbì
米ドル	美元	měiyuán
香港ドル	港币	gǎngbì
現金	现款	xiànkuǎn
小切手	支票	zhīpiào
トラベラーズチェック	旅行支票	lǚxíng zhīpiào
両替	兑换	duìhuàn

会　話

ここから一番近い中国銀行はどこにありますか？

そこへはどのように行けばよいですか？

口座を開きたいのですが。

日本円を預金したいのですが。

10. 银行 (yín háng)

词汇 (cí huì)

預金（する）	存款	cún kuǎn
定期預金	定期存款	dìngqī cúnkuǎn
普通預金	活期存款	huóqī cúnkuǎn
利子	利息	lìxī
払い戻し伝票	取款单	qǔkuǎndān
預け入れ伝票	存款单	cúnkuǎndān
兌換申込書	兑换单	duìhuàndān
払い込む	交款	jiāo kuǎn
支払う	付款	fù kuǎn
送金する	汇款	huì kuǎn
口座を開く	开户头	kāi hùtóu
預金通帳	存折	cúnzhé

会话 (huìhuà)

离这儿最近的中国银行在哪儿？	Lí zhèr zuì jìn de Zhōngguó yínháng zài nǎr?
到那儿怎么走？	Dào nàr zěnme zǒu?
我想开个户头。	Wǒ xiǎng kāi ge hùtóu.
我想把这些日元存起来。	Wǒ xiǎng bǎ zhèixiē rìyuán

この日本円を米ドルに換えて預金できますか？

五万円引き出して米ドルで下さい。

この口座の預金を日本の私の口座へ送金したいのですが。

残った人民元を日本円に換えたいのですが。

五万円のトラベラーズチェックを人民元に兌換して下さい。

日本からの送金が着いているかどうか調べて下さい。

米ドルのトラベラーズチェックを買うことはできますか？

何時に閉店しますか？

銀 行

能不能把这些日元换成美元,再存起来?	Néng bu néng bǎ zhèixiē rìyuán huànchéng měiyuán, zài cúnqilai?
我要取出五万日元,再换成美元,行吗?	Wǒ yào qǔchū wǔ wàn rìyuán, zài huànchéng měiyuán, xíng ma?
我要把这些存款汇到日本的户头里去。	Wǒ yào bǎ zhèixiē cúnkuǎn huìdao Rìběn de hùtóuli qù.
我要把剩下的人民币兑换成日元。	Wǒ yào bǎ shèngxia de rénmínbì duìhuànchéng rìyuán.
我要把五万日元的旅行支票兑换成人民币。	Wǒ yào bǎ wǔ wàn rìyuán de lǚxíng zhīpiào duìhuànchéng rénmínbì.
请查一下儿从日本汇来的钱到了没有。	Qǐng chá yíxiàr cóng Rìběn huìlái de qián dàole méiyou.
我能不能买美元的旅行支票?	Wǒ néng bu néng mǎi měiyuán de lǚxíng zhīpiào?
你们几点关门?	Nǐmen jǐ diǎn guānmén?

11. 別れの挨拶，帰国

会　話

滞在中いろいろお世話になりありがとうございました。

皆様によろしくお伝え下さい。
どうぞお元気で。
お別れするのが名残惜しいです。
近いうちにまた中国に来ます。

今回の旅行はすばらしかったです。

日本に着き次第，手紙を書きます。

お手紙をお待ちしています。
空港までお送り下さってどうもありがとう。

お忙しいのにわざわざ空港までお見送り下さり，ありがとうございます。

11. 告别，回国 gào bié, huí guó

会　　话	huìhuà
我在这儿的这些日子里,处处受到了你们的热情款待,实在感谢!	Wǒ zài zhèr de zhèixiē rìzili, chùchù shòudaole nǐmen de rèqíng kuǎndài, shízài gǎnxiè!
请代我问大家好!	Qǐng dài wǒ wèn dàjiā hǎo!
请您多多保重!	Qǐng nín duōduō bǎozhòng!
我舍不得跟您告别。	Wǒ shěbude gēn nín gàobié.
不久的将来,我一定再来中国。	Bù jiǔ de jiānglái, wǒ yídìng zài lái Zhōngguó.
这次旅行,我过得非常愉快!	Zhèi cì lǚxíng, wǒ guòde fēicháng yúkuài!
到了日本,我马上给您写信。	Dàole Rìběn, wǒ mǎshang gěi nín xiě xìn.
我等着您的来信。	Wǒ děngzhe nín de láixìn.
谢谢你们到机场来为我送行。	Xièxie nǐmen dào jīchǎng lái wèi wǒ sòngxíng.
您在百忙中特意到机场来送我,谢谢您!	Nín zài bǎimáng zhōng tèyì dào jīchǎng lái sòng wǒ, xièxie

日本でお目にかかれるのを楽しみにしています。

さようなら！

	nín!
我盼望着我们在日本见面。	Wǒ pànwàngzhe wǒmen zài Rìběn jiàn miàn.
再见!	Zài jiàn!

付　録

基　数

1	一	yī
2	二	èr
3	三	sān
4	四	sì
5	五	wǔ
6	六	liù
7	七	qī
8	八	bā
9	九	jiǔ
10	十	shí
11	十一	shíyī
12	十二	shíèr
13	十三	shísān
20	二十	èrshí
21	二十一	èrshiyī [i]
22	二十二	èrshièr
100	一百	yì bǎi [ii]
101	一百零一	yì bǎi líng yī [iii]

---

[i] 2桁以上の数では，10の位の十 shí は軽声に発音する。

[ii] 100以上の数ではそれぞれの位の1は必ず読む。但し十万を除く。

[iii] 3桁の数で10の位がゼロの場合，それを零 líng と読む。

付　録

110	一百一（十）	yì bǎi yī (shí) [iv]
111	一百一十一	yì bǎi yīshiyī
200	二百	èr bǎi
201	二百零一	èr bǎi líng yī
210	二百一（十）	èr bǎi yī (shí)
211	二百一十一	èr bǎi yīshiyī
1000	一千	yì qiān
1001	一千零一	yì qiān líng yī [v]
1010	一千零一十	yì qiān líng yīshí [vi]
1100	一千一（百）	yì qiān yì bǎi または yì qiān yī
1101	一千一百零一	yì qiān yì bǎi líng yī
1110	一千一百一（十）	yì qiān yì bǎi yī (shí)
1111	一千一百一十一	yì qiān yì bǎi yīshiyī
2200	两千二百 [vii]	liǎng qiān èr bǎi
一万	一万	yí wàn
十万	十万	shí wàn

---

iv 空位で終わる数の場合，最後の位は省略できる。但し，後ろに量詞が続くときは最後の位は省略できない。

（例）350元　三百五十块钱　sānbǎi wǔshi kuài qián

v 空位が連続している場合，その空位がいくつあっても零 líng を一度言えば良い。

vi 空位で終わる数であっても，その前に更に空位がある場合は，最後の位は省略できない。

vii 4桁以上の数で2が連続する場合，始めの2を liǎng，後の2を èr と発音することが多い。

百万	一百万	yì bǎi wàn
千万	一千万	yì qiān wàn
一億	一亿	yí yì
一兆	一兆	yí zhào

時

朝	早上	zǎoshang
	早晨	zǎochén
午前	上午	shàngwǔ
昼頃	中午	zhōngwǔ
午後	下午	xiàwǔ
夕方	傍晚	bàngwǎn
夜	晚上	wǎnshang
深夜	夜里	yèli
未明	凌晨	língchén
さきおととい	大前天	dàqiántiān
おととい	前天	qiántiān
きのう	昨天	zuótiān
きょう	今天	jīntiān
あした	明天	míngtiān
あさって	后天	hòutiān
しあさって	大后天	dàhòutiān
先々週	上上（个）星期	shàngshàng(ge)xīngqī
先週	上（个）星期	shàng(ge)xīngqī

今週	这(个)星期	zhèi(ge)xīngqī
来週	下(个)星期	xià(ge)xīngqī
再来週	下下(个)星期	xiàxià(ge)xīngqī
先先月	上上个月	shàngshànggeyuè
先月	上(个)月	shàng(ge)yuè
今月	这(个)月	zhèi(ge)yuè
来月	下(个)月	xià(ge)yuè
再来月	下下个月	xiàxiàgeyuè
さきおととし	大前年	dàqiánnián
おととし	前年	qiánnián
去年	去年	qùnián
今年	今年	jīnnián
来年	明年	míngnián
再来年	后年	hòunián
再来年の翌年	大后年	dàhòunián

時刻の言い方

～時は「～点 diǎn」、～分は「～分 fēn」と言う。その他、15分を一単位とする「刻 kè」があり、「一刻 yíkè」「三刻 sānkè」と使う。また30分には「半 bàn」も使う。「～分前」を表わすには「差 chà ～分 fēn」と言う。

1時5分	一点(零)五分	yì diǎn (líng) wǔ fēn
2時10分	两点十分	liǎng diǎn shí fēn

★ 2時は必ず「两点」と言う。

3時12分	三点十二分	sān diǎn shíèr fēn
4時15分	四点十五分	sì diǎn shíwǔ fēn
	四点一刻	sì diǎn yí kè
5時30分	五点三十分	wǔ diǎn sānshi fēn
	五点半	wǔ diǎn bàn
6時45分	六点四十五分	liù diǎn sìshiwǔ fēn
	六点三刻	liù diǎn sān kè
7時55分	七点五十五分	qī diǎn wǔshiwǔ fēn
	差五分八点	chà wǔ fēn bā diǎn

月日の言い方

～月は「～月 yuè」，～日は口語では「～号 hào」と言い，書く場合は「～日 rì」と書く。

1月1日	一月一号	yī yuè yī hào
2月2日	二月二号	èr yuè èr hào
3月10日	三月十号	sān yuè shí hào
4月12日	四月十二号	sì yuè shíèr hào
5月20日	五月二十号	wǔ yuè èrshi hào
6月21日	六月二十一号	liù yuè èrshiyī hào

曜　日

～曜日は「星期 xīngqī～」「礼拜 lǐbài～」共に使われる。

月曜日	星期一	xīngqīyī
	礼拜一	lǐbàiyī

付　録

火曜日	星期二	xīngqīèr
	礼拜二	lǐbàièr
水曜日	星期三	xīngqīsān
	礼拜三	lǐbàisān
木曜日	星期四	xīngqīsì
	礼拜四	lǐbàisì
金曜日	星期五	xīngqīwǔ
	礼拜五	lǐbàiwǔ
土曜日	星期六	xīngqīliù
	礼拜六	lǐbàiliù
日曜日	星期日	xīngqīrì
	星期天	xīngqītiān
	礼拜日	lǐbàirì
	礼拜天	lǐbàitiān

四　季

春	春天	chūntiān
	春季	chūnjì
夏	夏天	xiàtiān
	夏季	xiàjì
秋	秋天	qiūtiān
	秋季	qiūjì
冬	冬天	dōngtiān
	冬季	dōngjì

方　位

右	右边（儿）	yòubiān(r)
	右面	yòumiàn
左	左边（儿）	zuǒbiān(r)
	左面	zuǒmiàn
前	前边（儿）	qiánbiān(r)
	前面	qiánmiàn
	前头	qiántou
後ろ	后边（儿）	hòubiān(r)
	后面	hòumiàn
	后头	hòutou
上	上边（儿）	shàngbiān(r)
	上面	shàngmiàn
	上头	shàngtou
下	下边（儿）	xiàbiān(r)
	下面	xiàmiàn
	下头	xiàtou
中	里边（儿）	lǐbiān(r)
	里面	lǐmiàn
	里头	lǐtou
外	外边（儿）	wàibiān(r)
	外面	wàimiàn
	外头	wàitou
そば	旁边（儿）	pángbiān(r)
東	东边（儿）	dōngbiān(r)
	东面	dōngmiàn

付　録

西	西边 (儿)	xībiān(r)
	西面	xīmiàn
南	南边 (儿)	nánbiān(r)
	南面	nánmiàn
北	北边 (儿)	běibiān(r)
	北面	běimiàn

目録進呈　落丁本・乱丁本はお取替えいたします。

平成13年 1 月20日　　Ⓒ第 1 版発行
平成20年 5 月30日　　　　第 3 版発行

中国語会話練習帳 新稿版	編　者　　白<small>しろ</small>銀<small>がね</small>　志<small>ゆき</small>栄<small>え</small> 発行者　　佐　藤　政　人 発　行　所 株式会社　**大学書林** 東京都文京区小石川4丁目7番4号 振替口座　　00120-8-43740 電　話　（03）3812-6281〜3番 郵便番号　112-0002

ISBN 978-4-475-01302-4　　　　　ロガータ・横山印刷・精光堂

大学書林 語学参考書

著者	書名	判型	頁数
金丸邦三著	中国語四週間	B6判	408頁
土屋申一著	基礎中国語	B6判	262頁
中嶋幹起編	中国語基礎1500語	新書判	192頁
牛島徳次編／陳東海編	中国語常用6000語	B小型	304頁
沢山晴三郎編	中国語分類単語集	B6判	296頁
沢山晴三郎編	実用中国語会話	新書判	304頁
鐘ヶ江信光著	英語対照中国語会話	B6判	168頁
沢山晴三郎著	海外旅行ポケット中国語会話	A6変型	194頁
輿水優著	やさしい中国語の作文	B6判	312頁
土屋申一著	中国語文法入門	B6判	248頁
鐘ヶ江信光編	中国語小辞典	ポケット判	520頁
鐘ヶ江信光編	中国語辞典	新書判変形	1168頁
袁珂作／植田・三木訳注	中国神話物語	B6判	238頁
老舎作／沢山晴三郎訳註	茶館	B6判	312頁
中嶋幹起編	広東語四週間	B6判	344頁
中嶋幹起編	広東語基礎1500語	新書判	128頁
中嶋幹起編	広東語常用6000語	B小型	368頁
中嶋幹起編	広東語分類語彙	B6判	296頁
中嶋幹起編	実用広東語会話	B6判	328頁
金丸邦三編	広東語会話練習帳	新書判	120頁
温戴奎編	客家語会話練習帳	新書判	144頁

―目録進呈―